GO!

〔関西＋全国編〕

SAUNA

& SPA GUIDE

— KANSAI+ZENKOKU —
version

朝日新聞出版

時はサウナ戦国時代。次々と想像を超えるサウナが誕生し、しのぎを削っています。漫画やドラマ、SNSなどをきっかけに、若者や女性にも支持され、"おじさんたちが楽しむもの"だったサウナが、今や最も注目されるカルチャーに。フェスやキャンプなどのイベントには必ずと言っていいほど併設され、最近では自宅にサウナを造る人も珍しくありません。

　関西にもサウナブームは上陸。昔からあった大型サウナ施設はもちろんのこと、町の銭湯もサウナブームによって熱を帯びています。かつては高温のドライサウナのイメージが強かった関西のサウナですが、近頃はフィンランド式サウナやスチームサウナも多く見られるようになってきました。ロウリュ＆アウフグースの人気も根強く、男湯だけでなく女湯でも楽しむことができるのは関西サウナの醍醐味です。

　正しい入浴法をマスターすれば、体の疲れをとったり、頭をスッキリさせたり、自律神経を整えたり…と体にいい効果が期待できるほか、香りや映像を楽しんだり、アウフグースのパフォーマンスで盛り上がったり…と一種のエンタメでもあるサウナ。普段使いに、自分へのご褒美に、旅の目的に。あなたにとっての推しサウナを見つけてみませんか。

ととのいは、
すぐそこに。

MACHIYA・SAUNA KYOTO （→ P.050）

go! SAUNA & SPA GUIDE
〔関西&全国編〕
CONTENTS

──────（ 関西サ活 ）──────

（全国サ旅）

サん歩！

SAUNA COLUMN

プロサウナーに聞く！

【ご注意】

本書のデータは2023年1月時点のものです。掲載の情報は変更されることがありますので、お出かけの場合は最新情報をご確認ください。また、新型コロナウイルス感染症の影響により掲載施設の臨時休業、営業日や営業時間の変更、イベント中止などの場合があるので、事前にご確認ください。本書に掲載された内容による損害等は弊社では補償しかねますので、あらかじめご了承ください。

【本書の使い方】

データの見方

🏠 住所
📞 電話番号
🕐 営業時間、チェックIN／OUTの時間
　施設により最終入浴・受付時間を記載しています。
　飲食店は開店〜閉店時間
　（LOはラストオーダーの時間です）
🔒 定休日
　原則として年末年始、臨時休業などは除いた定休日のみ
　を記載しています。
📍 アクセス
P 駐車場の台数（提携駐車場の有無）
💴 料金（大人料金）
✏️ 補足情報

※表示価格は原則取材時点の税率をもとにした消費税込みの価格を表示しています。商品により、軽減税率の対象となる場合など料金が異なることがあります。宿泊施設の料金は季節や部屋タイプによって異なる場合があります。必ず事前にご確認ください。

アイコンの見方

以下のアイコンの点滅で設備やサービスのありなしを示しています。

サ	サウナ（温度・収容人数）	❄	アイスサウナ
水	水風呂（温度・収容人数）		外気浴
	ロウリュ	🍴	飲食
AUTO	オートロウリュ		シャンプー・リンス・石鹸
SELF	セルフロウリュ		タオルレンタル
	アウフグース	♨	温泉
	シャワー		売店

※サウナ・水風呂が複数ある場合は代表的なサウナ・水風呂の温度・収容人数のみ示し、その他は「ほか」で示しています。
※タオルレンタルには有料・無料どちらも含まれています。

Hyogo

Kyoto
Shiga
Osaka
Nara
Wakayama

〈全国〉SAUNA & SPA MAP INDEX

北陸・甲信越
HOKURIKU・KOSHINETSU

中国・四国
CHUGOKU・SHIKOKU

関西 →P.008
KANSAI

九州
KYUSHU

沖縄
OKINAWA

北海道
HOKKAIDO

東北
TOHOKU

関東
KANTO

東海
TOKAI

Let's go to SAUNA

さぁ、サウナに行こう！

築160年の町家を改装した隠れ家サウナがオープンしたと聞いて、千年の都・京都へ。1泊2日の貸切プランで、風情あふれるプライベート空間でゆったりととのってきました。

▶ PM 4:30

**到着したら
早速サウナへ！**

1セッション3時間で貸切利用もできるが、貴重な町家でのサウナ体験ということで、今回は一棟貸切の宿泊利用。宿泊の場合、チェックインの時間は16時30分から。19時30分チェックイン、翌7時30分チェックアウトのショートステイもできるのだそう。滞在中は常時サウナを利用できるほか、ソフトドリンクの飲み放題や巨大スクリーンでの動画ストリーミングサービスなどのオプションも付いてくる。

細い路地の奥へ…

\ 隠れ家サウナにチェックイン！/

1 建物は細い路地を抜けた先にある。看板を目印にして　2 到着したら、そのまま建物へ。美しく手入れされた中庭と歴史ある建物に胸が高鳴る　3 荷物などは建物2階のくつろぎスペースへ

縁側最高〜

良い香り〜

広々空間！

⏰ PM **5:00**
水墨壁のサウナで
じんわり温まる

古民家の１室をリノベーションしたサウナ室は約90℃に設定されている。アロマオイルが用意されているので、好きな香りでアロマ水を作って、自分のタイミングでロウリュしてみて。10分も経てば、体が芯から熱くなり、汗がじんわり。

蒸気がジュワ〜

1 男女混浴でも楽しめる水墨壁のサウナ室。薄暗い空間で、心身ともにリラックスできる **2** 貸切なので、アウフグースをしてもOK **3** ロウリュ用のアロマオイルはペパーミント、ローズマリー、オレンジ

冷た〜い！

1 縁側にはととのい椅子もあるので、水風呂後にそのまま外気浴するのもよい 2 浴室には床暖房を完備 3 ON&DOのスキンケア用品やアメニティも充実 4 汗をさっと流せるシャワーもある

⏱ PM 5:15
水風呂は半露天の檜風呂

体が十分に温まったら、サウナ室を出てすぐの水風呂へ。中庭を望む半露天の檜風呂で、外気を浴びながら体を冷却。脇を冷やすことで、一気に体全体が膜に覆われるような感覚に。好みに合わせて温度の調節もできるので、体が冷えたら温水浴を楽しむのもありかも。檜のいい香りに包まれて心地よい。

気持ちいい〜

アメニティも充実

🕐 **PM 5:20**
京風情あふれる
縁側でまったり外気浴

ととのう〜

蘭草がほのかに香る

水風呂から上がったら、休憩スペースにある竹のロッキングチェアに座ってゆっくり休憩。心拍数が落ち着いてきたら、再びサウナ→水風呂→外気浴のセットを繰り返そう。体はポカポカしながらも、頭がはっきりしてきたら"ととのっている"証拠。至福のひと時を過ごして。

\ 次のセットにGO！ /

2階に移動して、お茶を飲みながらまったり過ごすのもおすすめ

あっつあつ

サウナ

水風呂

1

2

外気浴

3

1 2 3 サウナ→水風呂→外気浴が基本のサイクル。これを3〜4セット繰り返す。縁側に座ったり、畳の上に寝そべりながら外気浴してもOK

4

5

4 5 1階には本格的な茶室があり、炉が切られているので、お抹茶を持ち込めばお茶を点てることもできる。京都ならではの楽しみ方

の～んびり

① PM **6:00**
和モダンなリビングで
くつろぎタイム

ひとしきりサウナを楽しんだらリビングルームへ。広々としたリビングルームには、4K大スクリーンとサラウンドスピーカーを完備。好きな映像を見たり、テイクアウトした京都のおばんざいやスイーツを食べたり、お昼寝したり…。時間を忘れて思い思いに過ごそう。

① PM **10:00**
サウナでととのった体を
ゆっくり癒す

思う存分サ活を楽しんだところで、明日に備えて就寝。2階にある落ち着いた雰囲気の和寝室で、旅の疲れやサウナでととのった体を休めて。2階にもトイレや洗面台があるので安心。

① AM **11:00**
朝サウナをキメて
チェックアウト

サウナのおかげで朝の目覚めはすっきり。朝の気持ちのよい空気で外気浴すべく、チェックアウトギリギリまでサウナを楽しむ。冷蔵庫や電子レンジなどもあるので、中庭を眺めながら朝食を食べるのも◎。

床の間のある和寝室。ふかふかの布団で体を休めよう

015

安全に"ととのう"ために

知っておきたいサウナのキホン

🔔 サウナの種類

── 日本の主流なサウナ ──

① ドライサウナ（乾式）

サウナは遠赤外線や蒸気などで高温になった部屋で体を温め発汗させる温浴法。大きく分けて2つあり、日本では湿度が低く温度が80〜100℃前後に設定されたドライサウナが主流。高温サウナとも。

② ウェットサウナ（湿式）

ドライサウナに比べ湿度が高く、温度が低い。蒸気で温まるスチームサウナ、霧で温まるミストサウナなど。体への負担がドライサウナより小さく、体力に自信のない人や暑さが苦手な人におすすめ。

── 続々誕生！最新サウナ ──

③ フィンランド式サウナ

熱したサウナストーンに水やアロマ水をかけ、発生した水蒸気で発汗作用を高めるロウリュができる。

 熱さ調節可能なセルフロウリュとオートロウリュがある

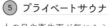

④ アウトドアサウナ

サウナテント、小屋型など野外でサウナを楽しむスタイル。海や湖を水風呂代わりに利用する。

 主にキャンプ場やグランピング施設などで楽しめる

⑤ プライベートサウナ

人の目や衛生面が気にならず、着替えからサウナ浴、水風呂、休憩まですべてひとりで完結する個室型スタイル。

 事前予約制、時間制のところがほとんど。ロウリュ付が多い

⚠ サウナに入るときの注意点

① こまめに水分補給を！

たくさん汗をかくので、脱水症状を引き起こさないためにも水分補給はしっかり。

② 体調が悪いときは入らない

無理に入ると立ちくらみや脱水症状の原因に。持病のある人は医師に相談を。

③ 飲酒後・満腹時は入らない

飲酒後のサウナは血圧低下や脱水症状、満腹時は消化不良を起こす危険性がある。

④ マナーを守る

誰もが快適に利用できるようサウナ前は体を洗うなど基本的なルールはしっかり守ろう。

⑤ 水風呂が苦手！そんな人は…

低温のサウナにゆっくり入るか高温サウナに短時間入って休憩を長めにとるのがおすすめ。

⑥ 汗をかきにくい！そんな人は…

体温調節機能や新陳代謝の低下、水分不足が一因。普段から運動をして代謝を上げよう。

KANSAI
sauna katsudo

関西サ活

昔から愛される老舗から、話題のサウナまで
関西の注目サウナをご紹介。

梅田（北区）

THEME
01

#元祖ロウリュ

JR大阪駅、各梅田駅から徒歩10分の場所にある、24時間営業の施設。カプセルホテル「カプセルイン大阪」を併設するので、リフレッシュ後に宿泊してもOK。サウナ・スパは3フロアにわたって展開し、サウナは低温サウナ、高温サウナ、ミストサウナなど複数を用意。特にファンの多い高温サウナは30分ごとに自動ロウリュが設定されていて、パワフルな風で汗がドッと出ると評判！同じフロアに水風呂、滝シャワー、温水プールなども並び、心身ともにすっきりデトックスが叶う。3階・露天風呂フロアには、檜風呂やフィンランドサウナ、樽型の水風呂があり、大都会にいながらリゾート気分が味わえるはず。

（上）アロマに癒される低温サウナ。星空の演出とBGMも心地いい（下）露天風呂フロアのジャクジーは開放感たっぷり

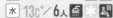

パワフルなオートロウリュを！
梅田のど真ん中でリフレッシュ

フィンランドに伝わるサウナ入浴法、ロウリュ。水蒸気や風を利用して新陳代謝を活発に♪

（サウナ）（男性専用）

ニュージャパン梅田
ニュージャパンうめだ

🏠 大阪府大阪市北区堂山町9-5
📞 06-6312-0610
🕐 24時間
🔒 無休
🚉 JR大阪駅から徒歩10分
P なし
💰 2100円

サ 90℃／37人ほか 🅰AUTO
水 13℃／6人

高温サウナのロウリュ。風を組み合わせて体感温度アップ

PICK UP!

水 店のこだわりで目が覚めるようなシャキッと冷たい温度をキープ。

サ 同階に高温サウナ、低温サウナ、ミストサウナを用意。スパ後におすすめの湯上りサウナも。

露天風呂エリアには外気浴スペースも。サウナや水風呂との動線がよい。

レストラウンジも24時間営業。ガウンのまま一品料理や定食、ドリンクなどを楽しめる。

スパ・サウナゾーンにある温水プール。青のタイルや壁の装飾がおしゃれ

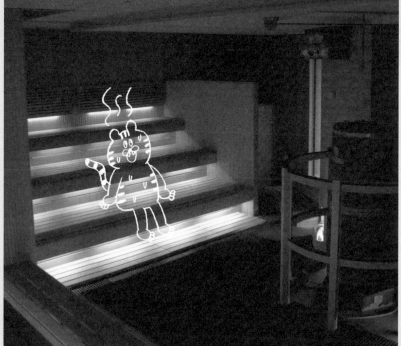

高温サウナには自動ロウリュを導入。入浴後は体が一気に軽くなると評判

サウナに水風呂、サ飯も満点！
関西サウナーが集う楽園

圧倒的なスケールを誇る関西を代表するサウナで、ととのいまくる。

（サウナ）（男性専用）

サウナ＆スパ
カプセルホテル
大東洋

サウナ＆スパ カプセルホテル だいとうよう

🏠 大阪府大阪市北区中崎西2-1-9
　観光ビル大東洋
📞 06-6312-7522
🕐 12:00〜翌10:00
🔒 無休
📍 JR大阪駅から徒歩10分
🅿 18台
💴 2300円
🎫 60分1300円のコースあり

| サ | 90℃／26人ほか |
| 水 | 7℃／1人ほか |

信楽陶板から出る気泡によって、体の芯から温まる「美泡-萬の湯-」

PICK UP!

 SELF
フィンランドサウナでは日替わりのアロマ水でセルフロウリュを楽しめる。

パワフルロウリュ、おかわりロウリュなど、さまざまなロウリュサービスを実施。

 水
好みの温度に合わせて選べる。水風呂が苦手な人は室温0℃のペンギンルームへ。

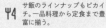
サ飯のラインナップもピカイチ。一品料理から定食まで豊富に揃う。

大阪

京都

兵庫

滋賀

オートロウリュ完備のロッキーサウナ。アウフグースサービスは毎日開催

JR大阪駅から徒歩圏内、「観光ビル大東洋」の看板
がひと際目を引く。サウナ&スパのほか、全202室
の部屋数を誇るカプセルホテルがある大東洋。サウ
ナ室は90℃のロッキーサウナ、70℃のフィンラン
ドサウナ、ミストサウナの3種類があり、ロッキーサ
ウナでは、毎日スタッフによるアウフグースを実施
している。そしてサウナには欠かせない水風呂も充
実しているのがこちらの魅力。温度の異なる5つの
水風呂があり、関西では珍しい水温が1桁台の"グル
シン"水風呂も。都心にありながら、外気浴ができる
露天スペースがあるなど、ととのうための環境がす
べて揃う関西随一のサウナ施設である。

奈良

和歌山

冷たさピカイチ

（上）自分の好み合わせて選べる水
風呂（下）露天スペースにはととの
い椅子やインフィニティチェアが

幻想的でパワフルな
ロウリュ&アウフグース

梅田
（北区）

THEME
03

#女性専用

サウナ&スパ カプセルホテル 大東洋（↑P.20）と同じビル内。サウナファンの女性がリピート！

ファンタジーサウナは定員30名。平日は1日2回、土・日曜、祝日は4回ファンタジーロウリュを実施

3種の本格サウナ、スパ、岩盤浴を備え、カプセルホテルを併設した女性専用施設。ファンタジーサウナは日本最大級の広さを誇り、女性スタッフによるアウフグースサービスを毎日実施。オーロラや星を投影し、ファンタジー空間を演出している。フィンランドサウナでは女性用サウナとしては珍しくセルフロウリュが可能。

（上）25℃の水風呂、15℃の冷水風呂が隣接。ミストサウナのテルマーレもある（下）重曹を使用した弱アルカリ性の美肌の湯

（サウナ）（女性専用）

サウナ&スパ カプセルホテル 大東洋レディス
サウナ&スパカプセルホテル だいとうようレディス

🏠 大阪府大阪市北区中崎西2-1-9
　観光ビル大東洋
📞 06-6312-7524
🕛 12:00～翌10:00
🔒 無休
📍 JR大阪駅から徒歩10分
🅿 18台
💴 2300円
🎫 60分1300円のコースあり

| サ | 90℃／30人ほか |
| 水 | 14℃／2人ほか |

体が温まる〜

**アウフグースにウィスキングに！
とことんサウナに没入できる施設**

ウィスキングは5500円。15分の施術後は水風呂に入って休憩を

東大阪（大阪）

THEME
04

#エンタメサウナ

まるでテーマパーク！多彩な種類のサウナを楽しみたい人におすすめ。

"なにけん"の愛称で親しまれている大型スパ施設。サウナは男湯に3種類、女湯に4種類。数少ないウィスキング常設施設としても知られている。ウィスキングマスターによる本格的な施術は男性のみだが、近日中に女性の方でもサービス開始予定。

スパ施設

なにわ健康ランド 湯〜トピア
なにわけんこうランド ゆ〜トピア

🏠 大阪府東大阪市長堂
　3-4-21
📞 06-6787-1126
🕐 24時間
🔒 無休
📍 近鉄布施駅から
　徒歩5分
🅿 50台
💰 1380円
✏ 料金に館内着代込み

男湯

| サ | 100℃／25人ほか |
| 水 | 14℃／5人ほか |

女湯

| サ | 90℃／20人ほか |
| 水 | 15℃／5人ほか |

共通

（上）高温サウナにはししおどし付きオートロウリュあり。爆風アウフグースも毎日行っている
（下）香りがいいと評判の檜風呂

電車でGO!
なにわ健康ランド
湯〜トピア
から15分（→P.023）

気分は韓国旅行！

鶴橋サん歩！

チャ〜ン♪

親しい人と生マッ
コリで乾杯！1グ
ラス495円

日本屈指の賑わいを見せる大阪のコリアタウン・鶴橋では、本場の料理やスイーツを極めたい！

① がっつり韓国料理を満喫♪

サムギョプサル1600
円（2人前から。一人客
は1人前のみのオーダ
ーも可）

カフェのようなお店で
伝統の味を堪能！

毎日食べたい

彩食韓味 李園
さいしょくかんみ りえん
和食店で働いた経験の
あるオーナーは、和食
で重要な旨みを韓国料
理にプラス。ファンが
多いのも納得な味！

🏠 大阪府大阪市生野区鶴橋1-3-18
　エステマール鶴橋2号館1F
📞 06-6731-6227
🕐 12:00 〜 14:30（LO14:00）、
　17:30 〜 22:00（LO料理21:00、
　ドリンク21:30）
🔒 水曜

カフェのような店構
え。店内は気取らない、
家庭的な雰囲気

本場の味を
リーズナブルに！

オジェパメン
豚肉専門店の本格派食堂。イ
チオシは店主自ら本場・釜山で
研究したテジクッパ880円。

🏠 大阪府大阪市生野区桃谷3-9-4
📞 06-6716-9209
🕐 11:00 〜 15:00
　（土・日曜、祝日〜 17:00）
🔒 火曜

賑やかな町に疲れたら
ここに避難？！

SHELTER COFFEE
シェルター コーヒー
元倉庫の隠れ家的カフェ。無機質な洒落た空間で自家焙煎のコーヒーを！400円〜

🏠 大阪府大阪市生野区鶴橋2-6-5
📞 090-2109-4200
🕐 11:00 〜 18:00
🔒 水曜

コンクリート打ちっぱなしのような店内は明るく清潔感がある

シェルターだね

サックサクのクロッフルにチーズやアイスをトッピング。650円

テイクアウトも

かわいすぎて食べられない!?クマのマフィン1個450円

②
韓国っぽカフェで
ひと休み

メニューも空間も
韓国×イタリア！

cafe ato
カフェ アト
韓国とイタリアのテイストが混ざり合うカフェ。シェフが生み出すメニューも新感覚♪

🏠 大阪府大阪市生野区桃谷5-7-10 1F
📞 非公開
🕐 11:30 〜 17:30
（土・日曜、祝日11:00 〜）
🔒 金曜

イチオシはコレ

椅やテーブル、椅子もバラバラなのに不思議と調和

クリームと生地の相性抜群！シチリア島発祥のカンノーリ各550円

あれこれ選んで
韓国料理を作ってみよう！

③
韓国食材を
お土産に

春夏秋冬ビル
しゅんかしゅうとうビル
1階は韓国食材や精肉のスーパーマーケット。ほかの階ではコスメ、雑貨なども販売。

🏠 大阪府大阪市生野区桃谷4-6-13
📞 06-6715-0911
🕐 10:00 〜 18:00
（土・日曜、祝日〜 18:30）
🔒 無休

LEE MART

大阪

京都

兵庫

滋賀

奈良

和歌山

難波（中央区）

THEME
05

#カプセルホテル

映像 × 音 × アウフグース

爆風パフォーマンスでととのいの境地へ

日本最大級のカプセルホテルで、灼熱のアウフグースを。

（カプセルホテル）（男性専用）

サウナ & カプセル アムザ

🏠 大阪府大阪市中央区千日前
2-9-17 アムザ1000
📞 06-6633-1000
🕐 12:00 〜翌10:00
🔒 無休
📍 地下鉄なんば駅から徒歩3分
Ｐ なし
💴 800円〜
🏷 早朝コースあり

都心にいながら露天風呂も楽しめるという充実ぶり

サ	94℃／30人ほか	AUTO	SELF	
水	14℃／2人ほか			

Ψ4 📖 💰

PICK UP!

 専属アウフギーサーによるダイナミックなパフォーマンスは必見。

 ikiサウナにはオートロウリュ機能あり。強力なパワーに汗が止まらない。

 飲食スペースあり。男性専用施設だけに、ボリューム満点のメニューが多い。

 外気浴スペースにはととのいには欠かせないインフィニティチェアがスタンバイ。

爆汗必至です！

全面ガラス張りになっているikiサウナ。最大30人を収容できる

大阪

京都

兵庫

滋賀

奈良

和歌山

関西随一の繁華街・ミナミにそびえるカプセルホテルで総部屋数は426室と、日本最大規模。サウナ、水風呂、スパ、サ飯と、すべてにおいて満足度の高いスパ施設だが、一番の魅力は3段ベンチの広々としたikiサウナ。スタッフによる1日8回のアウフグースショーではプロジェクションマッピングによってストーブにド派手な映像が映し出され、大迫力の音響に合わせてアウフギーサーが力の入ったパフォーマンスをする。温まった体を寒冷壺風呂や流水プールで冷却した後は、なんばの街を眼下に望む外気浴スペースでととのい椅子に沈み込みたい。

（上）サウナストーンが積み上げられたikiストーブ（下）フィンランドサウナは暗めで落ち着いた雰囲気。セルフロウリュができる

八尾（大阪）
大阪城（都島）

THEME
06

#貸切サウナ

アウトドア派に人気の
バレルサウナ×大阪ビュー

眺めよし

円柱型のおしゃれなバレルサウナは4人まで利用可能。都会で束の間のバカンス気分を

天満橋エリアのビルの屋上に登場した、関西では貴重なバレルサウナ。アウトドアサウナとしておなじみの樽型で、併設された2種類の水風呂や着替えスペースとともに貸切利用が可能（要予約）。バレルサウナは国内ブランドONESAUNA製、METOSの電気ストーブではセルフロウリュを楽しめる。

（サウナ）

IZA sauna Osaka
イザ サウナ オオサカ

🏠 大阪府大阪市都島区網島町
　4-12 東文ビル3F
📞 050-3612-7647
🕐 10:00〜21:00
🈺 無休
🚉 JR大阪城北詰駅から徒歩3分
🅿 なし
💴 貸切8000円〜（4名まで）
🧴 アメニティあり

男女共通

| サ | 90℃ / 4人 |
| 水 | 日により異なる / 2人 |

SELF

おひとりさまで？仲良しの友人と？
プライベート空間でゆっくりととのう。

（上）サウナ内は足元から天井までゆったりした造り。好きなタイミングでロウリュを（下）目の前に広がる大阪ビュー

八尾の市街に
ひっそりと佇むオアシス

大阪

京都

兵庫

オリジナルのサウナハットやタオルポンチョなどの販売も行っている

2021年7月にオープン。建築設計事務所、服飾雑貨店、飲食店が仕切りなしで混在する複合施設にある隠れ家的な貸切サウナ。サウナ好きの店長がこだわったというセルフロウリュ用のアロマ水は、白樺、ユーカリ、シトラスなど8種類から選ぶことができる。ポンチョやサウナハット、水着などのレンタルもあるので、手ぶらでも安心（男性用のみ）。

滋賀

おしゃれな外観

奈良

(サウナ)

貸切サウナととのうと
かしきりサウナととのうと

🏠 大阪府八尾市植松町5-5-15
📞 予約制・予約はWebから
🕙 10:00 〜 22:00
🏠 火・水曜
📍 JR八尾駅から徒歩3分
Ｐ なし
💴 4800円（1組最大4名）
⏱ 2時間制

和歌山

男女共通

| サ | 100℃ / 3人 |
| 水 | 日により異なる / 1人 |

（上）プライベート感満載のサウナ室（下）外気浴スペースにはインフィニティチェアが

新今宮（浪速区）

THEME 07

#温泉テーマパーク

テーマとデザインに心を掴まれる！リピート必至の個性派温泉。

関西ではおなじみ、"世界"がテーマのまるでテーマパークのようなスパ。新世界の入り口にある8階建てのビルには、岩盤浴ゾーンや温泉ゾーン、プールゾーン、フード＆リラックスゾーンなど、一日利用しても飽きない設備が盛りだくさん。エンタメ性抜群なうえ、肌に優しいといわれる超軟水なので安心・安全。温泉はヨーロッパゾーンとアジアゾーンに分かれ（男湯・女湯月替わり）、それぞれ古代ローマ風呂、イスラムの石風呂、日本渓流露天風呂など、テーマ・趣向がさまざまな浴槽を用意。岩盤浴は、トルコの石温宮、韓国の薬熱宮など世界8カ国をテーマに揃えている。世界を旅する気分で温泉を贅沢にハシゴしよう。

（上）岩盤浴の塩熱宮はイスラエルがテーマ。白色岩塩や七色の照明を使用（下）24時間営業でホテル併設なので旅行者にも人気

お風呂で世界旅行！？
バラエティ豊富な12カ国17種の温泉

スパ施設

スパワールド 世界の大温泉
スパワールドせかいのだいおんせん

🏠 大阪府大阪市浪速区
　恵美須東3-4-24
📞 06-6631-0001
🕐 24時間
　（8:45〜10:00入浴不可）
🔒 無休
📍 JR新今宮駅から徒歩3分
Ｐ 100台
💴 1500円（通常料金）
♨ 温泉は男女月替わり

男女共通

サ	98℃	10人ほか	
水	17℃	8人	

フィンランドサウナハウス。ほかにもいろいろなサウナあり

PICK UP!

🔥 フィンランドサウナ、大檜サウナでは1日3回メキシコ式のテマスカルを実施。

🍴 炉端焼きや串カツが楽しめる「炉端焼き 大阪や」、グルメコートなど飲食スポットが充実。

♨ ヨーロッパ・アジアゾーンともに露天風呂を用意。ヨーロッパゾーンはスペインがテーマ。

🛁 入浴グッズや美容グッズ、水着などのほか、大阪土産にぴったりの食料品も買える。

大阪

京都

兵庫

滋賀

奈良

和歌山

温泉のヨーロッパゾーン、古代ローマ風呂。トレビの泉を再現した異国情緒ある空間

アジアゾーンのシンガポールSPAはカトン地区をイメージ。酸素風呂など4種の浴槽がある

#塩サウナ

カラフルなお風呂

（上）カラフルなタイルがポップな浴槽（左下）塩サウナ（右下）高温サウナ

種類豊富な浴室と、ストロングスタイルのサウナに定評がある町の銭湯。浴場は男女入れ替え制で、北側にはドライサウナ、南側には塩サウナ、無料のスチームサウナがある。サウナと水風呂、外気浴スペースの動線がよいのも人気の秘密。お風呂も炭酸泉やジェットバスなど多彩で、低め設定の水風呂があるのもうれしい。

（上）露天スペースにあるキンキンに冷えた水風呂（下）3階には日焼けサロンもあり、30分2300円で利用できる

> 全国のサウナーが足を運ぶ実力派銭湯。女性人気の塩サウナもチェックしたい。

(銭湯)

ヘルシー温泉タテバ
ヘルシーおんせんタテバ

🏠 大阪府大阪市浪速区
　桜川2-14-19
📞 0120-514-026
🕑 14:00〜翌5:00
🔒 無休
📍 大阪メトロ桜川駅から
　徒歩10分
Ｐ 30台
💰 490円（サウナ+300円）

男湯（入れ替え制）

| サ | 100℃／10人 |
| 水 | 12℃／6人 |

女湯（入れ替え制）

| サ | 100℃／10人 |
| 水 | 12℃／6人 |

共通

韓国式のチムジルバンで
内側からデトックス

アウフグースもアリ

(上)ドーム型の炭釜汗蒸幕(左下)チムジルバンの健美房(右下)50〜55℃の岩塩房

豊中（大阪）

THEME
09

#チムジルバン

韓国語で"温めて治療する部屋"という意味の
チムジルバンを楽しもう。

韓国式の低温サウナ、チムジルバンを本格的
に楽しめる温泉施設。本場の汗蒸幕を再現し
た2種のサウナや、天然石や岩塩を使用した5
種のチムジルバン（美蒸房）は、体の内側から
キレイになりたい人にオススメ。その日の気
分や体調に合わせて、館内にある6種の内湯・
露天風呂とセットで利用してみて。

(上)内湯・露天風呂スペースのロ
ウリュサウナ。殺菌効果の高い塩
を使用したミストサウナもある
(下)開放的な岩風呂

（スパ施設）

神州温泉あるごの湯
かみすおんせんあるごのゆ

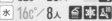

🏠 大阪府豊中市神州町
　 1-16
📞 06-6335-0035
🕙 10:00〜翌2:00
🔒 無休
📍 阪急三国駅から徒歩10分
🅿 2000台
💰 800円〜

男湯
| サ | 90℃／34人 |
| 水 | 16℃／6人 |

女湯
| サ | 82℃／20人 |
| 水 | 16℃／8人 |

共通

（上）露天風呂エリアにはゴロッと横になれるスペースも。大パノラマの空を見上げて（下）レストランや駐車場も

天神橋筋
6丁目（北区）

THEME
10

#都会の露天風呂

大阪メトロ天神橋筋六丁目駅の北側にある、地上8階の天然温泉施設。地下659mから汲み上げる天然温泉は、皮膚の角質層を軟化し、分秘物を乳化する特性があるといい、"美人湯"とも呼ばれる。露天風呂エリアにあるのは、源泉湯（かけ流し）、つぼ湯、岩風呂、ごろ寝湯など、さまざまな趣向の温泉を用意。源泉湯は加水せず天然の炭酸を含んだもので、美容効果のほか、疲労回復や新陳代謝アップも期待できそう。もちろん、内湯とサウナも完備。階段状に座れる遠赤サウナ、自然塩をすり込んで利用する塩サウナ、美肌力アップのスチームサウナなどがあり、サウナーにも好評だ。仕事帰りに立ち寄りやすい立地、価格帯もうれしい。

都会の空をのんびり見上げてホッ
地上8階にある隠れ処温泉

スパ施設

天然温泉 なにわの湯
てんねんおんせんなにわのゆ

🏠 大阪府大阪市北区長柄西1-7-31
📞 06-6882-4126
🕐 10:00〜翌1:00（最終受付24:00）
　　※土・日曜、祝日8:00〜
🈚 無休（年2回メンテナンス休館あり）
📍 地下鉄天神橋筋6丁目駅から
　　徒歩8分
🅿 450台
💴 850円
🎪 多彩なイベントも

アクセス至便、都会派露天風呂でひと息。日常生活に取り入れやすい癒しスポット。

温泉を独り占めできる露天風呂エリアにあるつぼ湯

男湯

| サ | 86℃／40人ほか | AUTO |
| 水 | 15℃／7人 | |

女湯

| サ | 84℃／11人ほか | AUTO |
| 水 | 15℃／7人 | |

共通

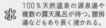

PICK UP!

サ 男湯・女湯ともにオートロウリュのサウナを用意。30分ごと（男湯は左右30分ごと）。

水 100％天然温泉の源泉湯や複数の露天風呂が待つ。腰掛湯などもあり長く浸かれる。

♨ 内湯は白湯、炭酸風呂、ジェットバス、あつ湯など。男湯のレインシャワーが人気。

🍴 和食店、軽食店が入る。LOが遅く、食事のみの利用もOKなので使いやすい。

植物や石に囲まれたナチュラルな雰囲気の露天風呂エリア。写真左上が源泉湯 (掛け流し)

女湯の遠赤サウナ。男性用のタワーサウナは大人数収容できる

庭園ビューもグルメも！
令和の進化系温泉スポット

弁天町（港区）

THEME
11

#関西最大級

温泉はもちろん、グルメ＆休憩スポットや館内着の人気度も高い施設で非日常の時間を。

スパ施設

空庭温泉
OSAKA BAY TOWER
そらにわおんせん オオサカ ベイタワー

🏠 大阪府大阪市港区弁天1-2-3
📞 06-7670-5126
🕐 11:00〜23:00（最終入館22:00）
🔒 月1回不定休
📍 大阪メトロ弁天町駅直結
🅿 1100台（有料）※入浴で2時間無料
💴 2640円〜（+入湯税150円）
🌀 アウフグースイベントあり

男湯
| サ | 80℃／10人ほか | AUTO |
| 水 | 18℃／6人 | |

女湯
| サ | 80℃／10人ほか | AUTO |
| 水 | 18℃／6人 | |

共通

中温でじっくり

美肌効果が体感できる女性専用のミストサウナ

PICK UP!

日本庭園を一望できるインフィニティの庭見風呂は空庭温泉一番の名物。

高温のフィンランド式サウナは30分ごとにオートロウリュ。テレビもあり。

施設内には居酒屋や屋台、庭園が見える「茶店 殿下茶屋」などがズラリ。

アメニティ類はほぼ入館料に含まれているので安心。女性用化粧水・乳液も用意。

池や数種類の足湯がある天空庭園。夜はライトアップされて幻想的なムードに！

大阪

京都

兵庫

滋賀

奈良

和歌山

大阪ベイタワーの2～5階にある、温泉、岩盤浴、食い倒れ横丁、アミューズメントエリアなどが集結した関西最大級の温泉施設。"安土桃山時代がタイムスリップしてやってきた！"をテーマに、和モダンで遊び心ある空間デザインが人気を呼んでいる。屋上部分に広がる約1000坪の日本庭園には、池、千本鳥居、足湯などがセンスよく設けられ、浴衣タイプのオリジナル館内着での散策が可能。オープンエアの空間で写真映えスポットを探すのも楽しい。庭見温泉、源泉温泉、露天温泉など9種の風呂に使っているのは、地下1000mから汲み上げる弱アルカリ性の天然温泉。貸切露天風呂や春夏限定、手ぶら利用OKのBBQプランもあるので、グループでわいわい楽しむのもおすすめ！

（上）源泉かけ流しの源泉風呂。美肌の湯と呼ばれる女性にうれしい泉質（下）安土桃山時代の街を思わせる豪華＆オシャレな館内

入浴とセットで効率アップ ビジネスパーソンの憩いの地

Wi-Fiを備えたコワーキングスペースは1時間400円で利用可能。疲れたら銭湯フロアでリフレッシュを

昭和から地元で愛される銭湯が、2022年夏にリニューアル。昔ながらの煙突、カラン、名物氷風呂、大きな浴槽などはそのままに、高濃度炭酸泉や外気浴スペースが新設された。3階のコワーキングスペースにはモニターを備えた個室や明るいテラス席もあり、テレワークや自習をしたいときに大活躍間違いなし。

【銭湯】

ユートピア白玉温泉
ユートピアしらたまおんせん

🏠 大阪府大阪市城東区蒲生
2-7-36
📞 06-6933-0828
🕕 6:00〜翌1:00
🔒 無休
📍 JR京橋駅から徒歩10分
🅿 22台
💴 490円（サウナ+300円）
⏱ サウナは2時間制

男湯

サ	84℃ / 20人	
水	15℃ / 5人	

女湯

サ	81℃ / 10人	
水	15℃ / 5人	

共通

（上）10分に一度のオートロウリュ機能を備えた高温サウナ（下）広々とした主浴。露天風呂や高濃度炭酸泉、氷風呂なども

野田（福島区）

大阪
京都
兵庫
滋賀
奈良
和歌山

THEME
13
#泊まれるサウナ

開放的なルーフトップで楽しむ
都市型プライベートサウナ

グループ利用にぜひ

サウナスペースには水風呂、整い椅子を併設。水着やサウナハットは
有料レンタル可

サウナ、ギャラリー、ショップを備えた体験型
宿泊施設。屋上にある75〜90℃のテントサ
ウナは、家族や友人と貸切利用が可能。セルフ
ロウリュを楽しんだり、オプションでシー
シャ（水タバコ）を吸ったりと、プライベート
サウナならではの使い方ができる。ととのっ
た後はアートに彩られた客室で宿泊を。

サウナと宿泊の両方が目的になりそうな体験型施設。
宿泊だけでなくデイユースもOK！

（ホテル）

d3 HOTEL＋
ディースリー ホテルプラス

🏠 大阪府大阪市福島区
　　海老江2-5-1
📞 06-6777-9624
🕐 11:00〜22:00
　 無休
📍 JR海老江駅から徒歩5分
Ｐ なし
💰 サウナ付き宿泊の場合
　　1名1万1000円〜

男女共通

サ	90℃／4人
水	19℃／2人

共通

（上）サウナ利用時はサ飯、ドリン
クのオプションも付けられる（要
予約）（下）客室には浴室や広いキッ
チン、3つの寝室がある

海老江（福島区）

THEME
14

#大阪城

1978年に創業以来、地元民に愛され続ける銭湯。浴場に入ると、ど迫力の大阪城と妖艶なミロのヴィーナスが出迎えてくれる。「この組み合わせがなんだか大阪らしくっていいでしょう？」と話すのは名物女将のはる子さん。はる子さんの優しい人柄に魅了されて通う常連客も多く、番台前のソファ席は憩いの場になっているのだそう。サウナはスチームとドライの2種類。肌がツルツルになるという炭酸温泉や、電気風呂、超音波風呂などがある。お風呂から出た後は、はる子さんお手製のゆで卵と冷えたビールでキメるのが龍美温泉流。ここを出る頃には、ポカポカサウナとはる子さんの笑顔で心身ともに温まっているはず。

（上）清潔感あふれる浴場。床面の花柄タイルにも注目したい（下）アツアツのドライサウナ

大阪城×ミロのヴィーナス
コテコテ！大阪感満載浴場

大阪のシンボル・大阪城がお出迎え。
ペンキ絵ではなくタイル画なのが大阪流！

銭湯 龍美温泉
たつみおんせん

🏠 大阪府大阪市福島区海老江
　4-8-13
📞 06-6451-2741
🕐 14:45〜翌0:00
🔒 第1・3月曜
📍 阪神電車野田駅から徒歩7分
P 1台
💰 490円（サウナ+200円）

待ってるで〜

番台に立つ女将のはる子さん。一見さんでも入りやすい雰囲気

男湯

| サ | 90℃／3人ほか | | |
| 水 | 16℃／1人 | | |

女湯

| サ | 100℃／3人ほか | | |
| 水 | 19℃／2人 | | |

共通

PICK UP!

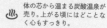

温度設定は控えめ。昭和スタイルのこぢんまりとした銭湯サウナ。

体の芯から温まる炭酸温泉が売り。上がる頃にはどことなく心もすっきり。

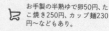

アメニティやタオルは売店で販売している。

お手製の半熟ゆで卵50円、たこ焼き250円、カップ麺230円〜などもあり。

立派やなあ

写真は男湯。天窓があり、明るい雰囲気。ちなみにミロのヴィーナスは女湯にも

住吉大社（住吉区）
新今宮（西成区）

THEME
15

#都会の銭湯

大阪の街中には庶民に愛されてきた銭湯がたくさんあるんです。

脱衣所の天井に鯉が泳ぐ
昔ながらの銭湯

番台に向かって描かれた、今にも動き出しそうな鯉の天井画

西成の地で約80年営業を続けてきた町の銭湯。暖簾をくぐると、京都の画家・木村英輝氏によるダイナミックな鯉の天井画が出迎えてくれる。名物はアツアツの富士山溶岩サウナと水素露天風呂。朝日を浴びながら朝風呂するのもおすすめ。肌あたりがやわらかい備長炭冷水風呂もお試しを。

銭湯

日之出湯
ひのでゆ

（上）広々とした浴場。ジェットバスも完備している（下）地域の子どもにも遊びに来てほしいと2022年3月には駄菓子コーナーを新設

🏠 大阪府大阪市西成区　山王2-7-9
📞 06-6649-1350
🕕 6:00～23:00（火曜11:00～）
🔒 月曜
📍 地下鉄動物園前駅から徒歩8分
🅿 2台
💴 490円
🧴 手ぶらセットあり

	男湯	
サ	110℃	4人
水	15℃	2人

	女湯	
サ	90℃	4人
水	15℃	2人

共通

ジャズが流れる銭湯は
ハートフルな憩いの場

サウナ室の窓は浴場を向いていて、昼間はとても明るい

かつて銭湯は近所の人たちの社交場であり、子どもも自然に銭湯マナーを学んでいた。裸の付き合いが少なくなった昨今の様子に「これではアカン」と現主人が企画したのが、音楽ライブや落語会に子ども銭湯。不定期開催でも大人気！ガラス張りで開放感のあるお風呂とサウナでいい汗かいたら、銭湯前の朝日食堂で一杯やって「ハイ、出来上がり♪」。

遊びに来てや〜♪

（上）日光が降り注ぐ浴場はガラスと鏡で広く感じる（下）受付は駄菓子屋さん!?笑顔が素敵な3代目主人とおしゃべりを

銭湯
朝日温泉
あさひおんせん

⌂ 大阪府大阪市住吉区
　南住吉3-11-8
☎ 06-6692-9808
⊕ 13:00〜24:00（土曜5:00〜）
🔒 無休
🚃 南海電鉄沢ノ町駅から徒歩10分
P 12台
¥ 490円（サウナ+200円）
　※貸しバスタオル付き
♨ 子ども銭湯は第1・3日曜

男湯

| サ | 100℃／10人 | |
| 水 | 11℃／2人 | |

女湯

| サ | 90℃／9人 | |
| 水 | 11℃／2人 | |

共通

しっとり和の情緒漂う
駅チカ天然温泉

新大阪 （淀川区）
上新庄 （東淀川区）

THEME
16

天然温泉

夜はライトアップされる露天風呂。隣の寝転び処では、空を見ながらのんびりしたい

阪急上新庄駅前という好立地、気軽に天然温泉に浸かれる施設。東淀川区初の天然温泉で、地下700mから採削した単純温泉を加温のみ・源泉そのままで贅沢に供給している。内湯には主浴槽や電気風呂を、露天風呂には庭園露天風呂、高濃度炭酸泉を用意。常時90℃に保たれたガス遠赤外線サウナもある。

仕事やおでかけの帰りにふらっと寄れるような、カジュアル＆本格派の天然温泉。明日の活力に！

（上）ガス遠赤外線サウナ。ほどよい発汗で老廃物をデトックス（下）サウナ後は幻想的にライトアップされた水風呂でクールダウン

【 銭湯 】

天然温泉満月
てんねんおんせんまんげつ

🏠 大阪府大阪市東淀川区
　　小松1-12-29
📞 06-6329-4126
🕙 10:00～翌3:00
🔓 無休
📍 阪急上新庄駅から徒歩1分
🅿 30台
💴 720円～
✍ お得な回数券あり

男湯
| サ | 90℃／22人 |
| 水 | 16℃／5人 |

女湯
| サ | 90℃／22人 |
| 水 | 16℃／5人 |

共通
T4

大阪

京都

兵庫

滋賀

奈良

和歌山

*朝日から夜景まで
眺め抜群のシティ派温泉*

露天風呂の満天の湯、ジェット浴、炭酸泉、天の湯壺。空を行く飛行機が見えることもあるそう!

JR新大阪駅から徒歩圏内の都市型温泉。温泉は地下800mから引き入れ、男湯・女湯にはそれぞれ7種の風呂が。多くが露天風呂で、満天の湯やジェット浴、炭酸泉では青空や星空を眺められる。6時開店なので、朝風呂利用にもおすすめ!足湯のあるカフェスペースで、モーニングセットやスムージーを味わってから出勤するなんて使い方も。

お腹も満たされる

(上)遠赤外線サウナでリフレッシュを(下)カフェスペースの人気メニュー、石焼き麻婆丼720円。おつまみ、デザートもある

（スパ施設）

天然温泉ひなたの湯
てんねんおんせんひなたのゆ

🏠 大阪市淀川区三国本町1-6-15
　　ドルチェヴィータ新大阪9階
📞 06-7504-6853
🕕 6:00～翌1:00(最終受付翌0:00)※土曜8:00～
🔓 無休
📍 地下鉄新大阪駅から徒歩10分
Ｐ なし
💰 800円～
🍴 食事がセットになったお得なプランも

男湯

サ	85℃/10人	
水	18℃/4人	

女湯

サ	85℃/8人	
水	18℃/2人	

共通

大阪には注目のサウナ＆スパがぎょうさん！設備とサービスの充実度で盛り上がっているのはこちら。

鶴橋 （東成区）

[スパ施設]

天然温泉 延羽の湯 鶴橋

てんねんおんせん のべはのゆ つるはし

源泉かけ流しの温泉・露天風呂、数種のサウナと薬石汗蒸房。熱風蒸屋はLED照明によるカラーサウナで、ロウリュサービスが激アツと評判。

🏠 大阪府大阪市東成区玉津3-13-41 📞 06-4259-1126 🕘 9:00～翌2:00 🔒 無休 📍 JR鶴橋駅から徒歩5分 🅿 600台 💰 900円～

アロマ水で全身アツアツ

男湯

| サ 95℃／40人 SELF 🪣 | 水 16℃／6人 | ☗ ✳ 🧖 |

女湯

| サ 85℃／20人 SELF 🪣 | 水 16℃／6人 | ☗ ✳ 🧖 |

共通

🍴 🍶 📚　　🎍 薬石汗蒸房1080円～

豊中市 （大阪）

[銭湯]

夢の公衆浴場 五色

ゆめのこうしゅうよくじょう ごしき

スーパー銭湯の草分け的存在で露天風呂やサウナ含め11種の風呂が人気。遠赤外線サウナやスチームサウナの後は、名物のカレーうどんでを。

🏠 大阪府豊中市庄内栄町3-24-10 📞 06-6331-4126 🕘 24時間 🔒 無休 📍 阪急庄内駅から徒歩15分 🅿 50台 💰 490円（サウナ+200円）

男湯

| サ 90℃／12人 🪣 🚿 | 水 15℃／4人 | 🚿 ✳ 🧖 |

女湯

| サ 90℃／12人 🪣 🚿 | 水 15℃／4人 | 🚿 ✳ 🧖 |

共通

🍴 🍶 📚　　🎍 料金にミストサウナ代込み

大国町 （浪速区）

[スパ施設]

湯源郷 太平のゆ なんば店

とうげんきょう たいへいのゆ なんばてん

露天・内風呂が充実。大浴場のドライサウナのほか、岩盤浴エリアに岩盤浴3種、ドライサウナ1室を完備。岩盤浴利用者用に漫画4000冊も。

🏠 大阪府大阪市浪速区敷津東2-2-8 📞 06-6633-0261 🕘 8:00～翌1:00 🔒 無休 📍 地下鉄大国町駅から徒歩5分 🅿 350台 💰 850円

男湯

| サ 90℃／12人 🪣 🚿 | 水 15℃／12人 | ✳ 🧖 |

女湯

| サ 90℃／10人 🪣 🚿 | 水 15℃／10人 | 🚿 ✳ 🧖 |

共通

🍴 🍶　　🎍 岩盤浴+750円

天王寺（阿倍野区）

`銭湯`

湯処あべの橋
ゆどころあべのばし

天然温泉、白湯、ジェットバス、電気風呂のある銭湯。ミストサウナや乾式サウナで汗をかいたら、金色に輝くタイルを使った黄金の水風呂へGO！

🏠 大阪府大阪市阿倍野区阿倍野筋1-7-25 📞 06-7890-1126 🕐 15:00〜23:00 🚫 木曜 📍 JR天王寺駅から徒歩7分 🅿 5台 💴 490円

男湯

| サ | 90℃／15人 | | 水 | 18℃／6人 | | | |

女湯

| サ | 90℃／10人 | | 水 | 18℃／8人 | | | |

共通

🍴 🏠 📖　　♨ 手ぶらセットあり

地域で愛される広々お風呂屋さん

住之江公園（住之江区）

`スパ施設`

天然露天温泉スパスミノエ
てんねんろてんおんせんスパスミノエ

スーパーロウリュサウナではサウナストーンも加熱することで大熱波が発生。赤穂塩サウナや座湯超微粒子サウナも天然温泉と併せて使いたい。

🏠 大阪府大阪市住之江区泉1-1-82 📞 06-6685-1126 🕐 10:00〜翌2:00 🚫 無休 📍 地下鉄住之江公園駅から徒歩3分 🅿 800台 💴 720円〜

男湯（入れ替え制）

| サ | 87℃／20人 AUTO | | 水 | 17℃／20人 | | | | |

女湯（入れ替え制）

| サ | 87℃／20人 AUTO | | 水 | 17℃／10人 | | | | |

共通

🍴 🏠 📖　　♨ 週末は変わり湯あり

露天・屋内風呂ともに超充実

福島（福島区）

`サウナ` `男性専用`

ホテル阪神大阪 阪神サウナ
ほてるはんしんおおさか はんしんサウナ

天然温泉に露天風呂、サウナに水風呂とオールマイティに揃う男性専用スパ施設。タオルやアメニティ類も完備。※13歳未満利用不可

🏠 大阪府大阪市福島区福島5-6-16 ホテル阪神大阪7F 📞 06-6344-3989 🕐 10:00〜23:00 🚫 無休 📍 JR福島駅から徒歩1分 🅿 なし 💴 2750円（+入湯税150円）

| サ | 90℃／15人 | | 水 | 15℃／2人 | | | |

🍴 🏠 📖　　♨ 宿泊者は800円で利用可能

すべてが揃った都心のオアシス

これだけ覚えれば
あなたもサウナー！

サウナ用語集

初心者向けからちょっとマニアックな専門用語まで。知っておけば
サウナの奥深さにまた一歩近づける、サウナー必須用語をご紹介。

01 Ice Sauna
【アイスサウナ】

氷点下まで冷やされた部屋。水風呂がない施設や水風呂が苦手な人のクールダウン用に使われる。

02 Aufguss
【アウフグース (熱波)】

ドイツ語で"コーヒーなどを沸かせる"という意味。ロウリュで発生した蒸気をタオルなどであおぐ行為を指す。

03 Amami
【あまみ】

サウナ、水風呂を繰り返すと皮膚の表面に現れる赤いまだら模様。血流の促進により現れる。

04 Whisking
【ウィスキング】

ヴィヒタで体を叩いたり、葉を押し付けたりするマッサージ。ヴィヒタをアロマ水に浸けることも。肌に刺激を与え血行促進を促す、殺菌などの効果がある。

05 Vihita
【ヴィヒタ】

白樺の若い枝葉を束ねたもの。サウナ室に吊るして香りを楽しんだり、ウィスキングで全身を叩くようにして使用する。

06 Ubuyu
【産湯】

初めて入ったサウナ、またはサウナのよさに気づいた施設のこと。「産湯はどこですか？」のようにある程度の歴のあるサウナー間の会話で使われる。

07 Okawari
【おかわり】

アウフグースを行う施設でもう一度サービスをリクエストすること。ひと通りあおぎ終わった後に「おかわりいかがですか？」と聞いてくれることが多い。

08 Oropo
【オロポ】 (→P.103)

サウナの後に飲む定番の飲み物。オロナミンCとポカリスエットを混ぜたもので黄金比は1：1といわれる。

09 Ondo no hagoromo
【温度の羽衣】

サウナの後に水風呂に入ると皮膚の表面に生成される薄い"温度の膜"のこと。冷たさを感じにくくなり、心地よい感覚に包まれる。タナカカツキ氏が命名。

10 Gaikiyoku
【外気浴】

外の空気や光を浴びて体をリラックスさせること。海や森などロケーションがよいとなおよし。

SAUNA COLUMN
Sauna glossary

11 Sauner
【サウナー】

サウナを愛し、日常の中で定期的にサウナへ通う人々を指す。サウナで汗を流すだけでなく、サウナの普及活動に励むサウナーのことを「プロサウナー」と呼ぶ。

12 Sauna hat
【サウナハット】

サウナ室に入るときに着用する帽子。高温・乾燥の環境下から頭部と髪を守るために使われる。

13 Sauna mat
【サウナマット】

サウナ室でお尻の下に敷くマット。日本の多くのサウナ室に敷かれている黄色いマットが思い浮かぶが、近年は撥水性の高いおしゃれマットがたくさんある。

14 Sakatsu
【サ活】

サウナ、水風呂、外気浴を繰り返す入浴法「サウナ」を楽しむ活動の略。心身を整えることはもちろん、食事やサウナめぐりを楽しむことも含まれる。

15 Sameshi
【サ飯】 (→P.102)

サウナ上がりに食べる至福の食事。サウナ飯の略称。サ活を楽しむうえでの醍醐味の一つ。

16 Totonoi isu
【ととのい椅子】

外気浴スペースに置かれる休憩用の椅子。"ととのう"過程において重要なくてはならない存在。

17 Totonou
【ととのう】

サウナ、水風呂、外気浴を繰り返すことで得られる心身ともに整った状態のこと。五感を研ぎ澄まされたような感覚でサウナハイ、サウナトランスとも呼ばれる。

18 Nushi
【ヌシ】

女性・男性ともに存在するサウナ室のボス的な常連客。同じ時間、同じ位置に陣取り、自分ルールやマナーを強要してくることがある。サウナ愛がすごい。

19 Home Sauna
【ホームサウナ】

通称ホーム。サウナーたちが自分の本拠地にしている、またはお気に入りにしているサウナのこと。

20 Manga sadou
【マンガ サ道】

日本サウナ・スパ協会公認のサウナ大使、漫画家のタナカカツキ氏が描いた大ヒットサウナ漫画。

21 Mizuburo
【水風呂】

サウナで温まった体を冷やす水を張ったお風呂。温度や水深などは施設によってさまざま。

22 Löyly
【ロウリュ】

フィンランドのサウナ入浴方法のひとつ。熱したサウナストーンに水をかけ蒸気を発生させること。

烏丸御池（中京区）

THEME 17

#町家

2022年8月、烏丸御池の路地裏に突如現れた町家一棟貸しのサウナ。約160年前に建てられ、芥川龍之介など多くの著名人が訪れるアトリエとして使われていたのだそう。1セッション3時間の貸切制の料金に含まれるのはタオルやスキンケアアメニティ、ソフトドリンク飲み放題、大スクリーンでの動画ストリーミングサービス視聴など、至れり尽くせり。町家の1室を改装し造ったサウナ室には高品質のサウナストーブを導入。貸切なのでセルフロウリュもし放題というのもうれしい。水を張った檜風呂で冷却した後は、美しい庭園を眺めながら心静かに外気浴を楽しみたい。宿泊も可能。

（上）しつらえが美しい休憩スペース（下）路地奥に佇む京町家。入る前から期待が高まる

築160年の町家がサウナに
随所にちりばめられた和の心

（サウナ）

MACHIYA： SAUNA KYOTO

マチヤ サウナ キョウト

🏠 京都府京都市中京区
　三坊西洞院町561 西側奥

📞 090-9838-9637

🕐 9:00 〜 12:00、12:30 〜 15:30、
　16:00 〜 19:00、19:30 〜 22:30

🔒 無休

📍 京都市営地下鉄烏丸御池駅から
　徒歩5分

P なし

💴 5000円〜

🔖 2名以上の予約必須

ザ・京都な雰囲気を味わえる、一棟貸しのサウナがオープン。

男女共通

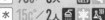

サ	90℃ / 6人	
水	15℃ / 2人	

檜の香りが心地よい水風呂。中庭の緑が眺められる

PICK UP!

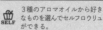

SELF 3種のアロマオイルから好きなものを選んでセルフロウリュができる。

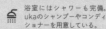

浴室にはシャワーも完備。ukaのシャンプーやコンディショナーを用意している。

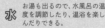

水 お湯も出るので、水風呂の温度を調節したり、温浴を楽しんだりできる。

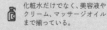

化粧水だけでなく、美容液やクリーム、マッサージオイルまで揃っている。

静かな空間

大阪

京都

兵庫

滋賀

奈良

和歌山

竹のロッキングチェアに腰を下ろせば、一気にととのいの境地に

シックな印象の「水墨壁のサウナ室」。温度はセルフロウリュで調節して

051

河原町五条（下京区）

THEME 18 #レトロサウナ

日本各地の銭湯をめぐり、銭湯文化を守りたいと考えた20代の青年が、高瀬川のほとりに立つ明治時代創業の「サウナの梅湯」を2015年に継業。夜になれば灯るネオンが昭和を思わせる郷愁漂う外観だが、中は清潔感があり、新鮮さがあり、何よりスタッフが皆若くて活気がある。設備の修繕や内装の修復、オリジナルグッズの企画など、若者たちが自らキビキビと動く。浴室に貼られるスタッフ直筆の「梅湯新聞」は、常連さんも毎月楽しみにしている交流のひとつ。天然地下水を汲み上げて薪で沸かす湯などは昔ながらのやり方を踏襲しつつ、週末は朝風呂を営業するなど、時代に合ったサービスを取り入れる。新旧のよさを併せ持つ空間へと進化中。

（上）天窓があり明るい男湯の浴室。サウナは浴室の奥にある（下）男湯女湯ともに設置されている昔ながらの噴水

廃業寸前だった銭湯が復活。古き良き時代に培われた魅力を再発見できる銭湯。

若者たちの熱意でよみがえった 懐かしくて新しい銭湯の星 ☆

[銭湯]

サウナの梅湯
サウナのうめゆ

🏠 京都府京都市下京区岩滝町175
📞 080-2523-0626
⏰ 14:00〜翌2:00
（土・日曜6:00〜12:00〈朝風呂〉）
🔒 木曜
📍 市バス河原町正面から徒歩3分
P なし
💴 490円

店名のネオン装飾は地域のランドマークに。夜の景観もGood！

男湯

サ	100℃ / 6人		
水	18℃ / 3人		

女湯

サ	90℃ / 6人		
水	18℃ / 3人		

共通

🍴4

PICK UP!

💧 水風呂はもちろん、浴槽のお湯も地下水を汲み上げて、薪で沸かす。

サ サウナは昭和時代からあるが、継業時に改装されていて広め。

スタッフが考案したグッズや、オリジナルデザインの品々が並ぶ。

玄関を入ってすぐに並ぶ野菜や果物は、京都で採れた新鮮なもの。

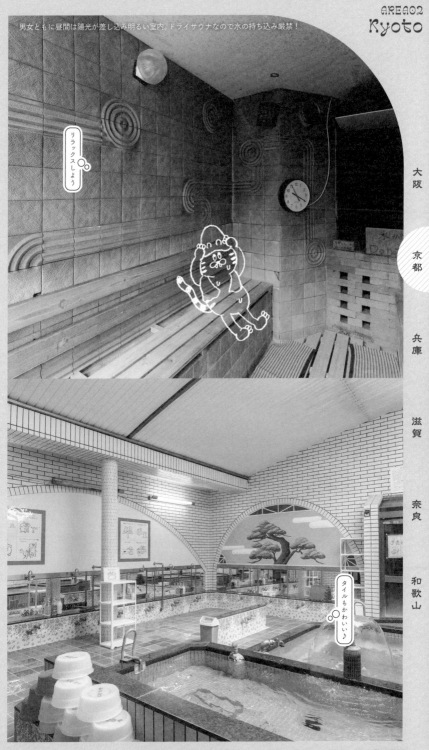

男女ともに昼間は陽光が差し込み明るい室内。ドライサウナなので水の持ち込み厳禁！

リラックスしよう

タイルもかわいい♪

浴室は改装時もほとんど手を入れていない。女湯の壁面のペンキ絵は、改装後に新しく描かれた **053**

サウナの後は
ぎょうざでキメる

おかわり必至！

京都ポークを使った、ぎょうざディープ5個入330円。にんにく抜きもある（写真は2人前）

祇園（東山区）

THEME 19

#サウナ×餃子

サウナ屋さん？餃子屋さん？店の奥に
ひっそりと、極上サウナここにあり。

京都で人気を集める餃子店の2号店が、2021年11月にオープン。普通の餃子屋かと思いきや、店の奥には銭湯サウナが併設されている。サウナは完全予約制の貸切スタイル。サウナを愛するオーナーが手塩にかけて造ったサウナ室は、ととのうよう計算し尽くされている。

（上）洞窟をイメージしたサウナ室。より暑さを楽しめるよう、椅子は高め（下）かつてはお好み焼き店だった建物

（サウナ）

ぎょうざ湯
夷川餃子なかじま 団栗店
ぎょうざゆ えびすがわぎょうざなかじま どんぐりてん

🏠 京都府京都市東山区
　六軒町206-1
📞 075-533-4126
🕙 10:00 〜 23:20
　（80分貸切制）
🔒 無休
📍 京阪祇園四条駅から徒歩5分
🅿 なし
💰 7700円（2名まで）
🧴 アメニティはshiroを用意

男女共通

| サ | 85℃／3人 |
| 水 | 18℃／1人 |

一番人気のキーホルダー
880円。7色ある

グッズも充実

心身ともに"再生"を目指す　上質なととのい空間

檜の香りも癒し♪

「檜蒸（ひじょう）」は、古来、神聖な木材とされる檜をテーマに造られた部屋

八瀬（左京区）

大阪
京都
兵庫
滋賀
奈良
和歌山

THEME
20

#しきじの娘プロデュース

聖地「サウナしきじ」の娘・笹野氏が手掛けたプライベートサウナ。

「八瀬のかまぶろ」という日本最古の蒸し湯がある地に、心と体を清め生まれ変わる宿として2022年春に誕生。"しきじの娘"と知られるサウナやスパなどのプロデューサー・笹野美紀恵氏が監修した。蒸庵と名付けられた炭蒸・檜蒸・美蒸という異なる3タイプのサウナは、いずれもプライベートで予約制。

（ホテル）

moksa
モクサ

🏠 京都府京都市左京区
　上高野東山65
📞 075-744-1001
🕐 7:00～翌2:00
　（日帰り利用は制限あり）
🔒 無休
📍 叡電八瀬比叡山駅
　から徒歩5分
Ⓟ 25台
💴 1室2万2000円～（日帰り利用の場合）
✎ 宿泊・サウナも予約制。詳細・予約はHPから

男女共通（炭蒸・檜蒸）
サ 90℃／3人
水 季節により異なる／2人

（上）「炭蒸」は炭化した木材を使い、清浄な蒸気や空気でととのえる
（下）ホテルは、仏教の母なる山・比叡山の麓にある

（上）女湯のサウナ奥にある露天風呂。外気浴もこちらで（下）女湯の水風呂は低い位置にライオン2頭。水深はけっこう深い

堀川高辻（下京区）

THEME 21

＃天然地下水かけ流し

豊富な地下水に恵まれる京都。直下の地下水をたっぷり体感！

白山湯では、すべて天然の良質な地下水をそのまま使っている。広い浴槽の湯は薪で沸かしたもので、昔から"やわらかく肌触りのよい澄んだお湯"と評判。ライオンの口から滝のように水が噴出する水風呂は、湧水量が豊富だから勢いがある。町の銭湯としては意外にも広めのサウナには、ご主人自らが取り付けた木製の背もたれが。毎年年末に新調され、"気持ちよく新しい一年を迎えてほしい"というご主人の優しい思いがこもっている。浴場の奥には露天風呂、外気浴ができるととのい椅子やベンチがあるのもうれしい。男湯女湯ともに100℃以上のサウナでほてった体を新鮮で豊かな水に沈めれば、スッキリ爽快、浮世の憂さも晴れ渡る。

清らかさも水量もハンパない！水風呂推しは素通り厳禁！！

銭湯

白山湯 高辻店
はくさんゆ たかつじてん

- 🏠 京都府京都市下京区舟屋町665
- 📞 075-351-3648
- 🕐 15:00～翌0:00（日曜7:00～）
- 🚫 土曜
- 📍 地下鉄四条駅から徒歩10分
- 🅿 9台
- 💴 490円
- 🎁 オリジナルグッズの販売あり

男湯

| サ | 110℃／12人 | |
| 水 | 18℃／4人 | |

女湯

| サ | 100℃／8人 | |
| 水 | 18℃／4人 | |

共通

🍴4 📖

住宅街になじむ白山湯は、屋根にある白い山の形の看板が目印

PICK UP!

💧 男湯の水風呂の高い方の蛇口は打たせ水として利用可。しぶきが飛ばないよう注意。

🧖 男湯女湯ともにサウナ室のそばに露天風呂があり、手前にある椅子でくつろげる。

💰 レンタルは150円だが返却時に100円バック。オリジナルタオルの販売もある。

🚿 浴室に入ると足元にフットシャワーが！気持ちよく入浴できるうれしい心遣い。

水風呂
「天然の地下水です」

痛いくらいの水圧が楽しい男湯の水風呂と、天窓から陽光が差し込む広々とした浴室

サウナ室も広い!

サウナ室の木板の背もたれはご主人の手作り!男湯の露天風呂は女湯よりちょっと広め

祇園（東山区）

THEME
22

#ルーフトップ外気浴

花街・祇園の街なかにあるビルの屋上で、空を眺めながらのんびり＆ホッコリ。

夕暮れ時ともなれば舞妓さん、芸妓さんが行き交う祇園の真ん中にある、すこぶる使い勝手のよいスパサウナ。カプセルに宿泊するとサウナとスパは入り放題、そして朝食バイキングが無料！サウナやスパを利用することが目的ならば仮眠ルームが使えるという、観光客だけでなくビジネスマンにもありがたい施設。6階フロアはサウナとスパのための空間が広がり、多くの利用者のお目当ては本場フィンランド様式のサウナストーンを用いたロッキーサウナ。階段で行き来できる屋上には、塩サウナ、露天風呂、外気浴スペースが。花街の風情を感じながら滞在できるカプセルホテルも含め、全館男性専用なので、女性の皆様、悪しからず。

（上）屋上にあるサウナ室。塩をこすれば低めな室温ながらも汗だくに！（下）リゾート気分を味わえる、開放的な露天風呂

花街で夜遊びしたら ととのうことも忘れずに！

（カプセルホテル）（男性専用）

サウナ＆カプセル ホテル ルーマプラザ

🏠 京都府京都市東山区祇園町南側575
📞 075-525-0357
🕐 24時間
🔒 無休（月曜10:00～12:00 清掃休館あり）
🚃 京阪祇園四条駅から徒歩2分
🅿 40台
💴 2400円（利用時間・時間帯により変動あり）
※サウナのフロントは6F

男湯（6Fロッキーサウナ）

| サ | 84℃／25人 |
| 水 | 16℃／5人 |

男湯（屋上塩サウナ）

| サ | 65℃／8人 |
| 水 | 20℃／5人 |

共通

浴室、お風呂も広々！バイブラバスは体の疲れをほぐしてくれる

PICK UP!

サ　屋上の塩サウナは塩の効果も期待でき、大きな窓から外の景色も楽しめる。

サ　深夜にもサウナ利用OK。リラックスルームやマッサージルーム（有料）もあり。

　　オリジナルのサウナハットや、舞妓さんらが配るような「京丸うちわ」の販売も。

　　5Fにあるレストラン「癒し亭」は24時間営業で、サウナ使用者も利用できる。

祇園町の甍（いらか）の波と東山連峰を眺める外気浴で心洗われる！

大阪

京都

兵庫

滋賀

奈良

和歌山

広くて
快適！

体験しないとわからない！蒸気の熱波が入浴者をトリコにする、6Fのロッキーサウナ

堀川五条（下京区）

THEME 23

#銭湯サウナ

ビルの1、2階が浴場スペースで、ラドン鉱石を使った浴槽や岩盤浴もある住宅街の銭湯。

特殊なラドン鉱石の湯が自慢！
体調もととのっちゃう!?

2部屋並んでる！

手前はオートロウリュ、奥は熱源がベンチの下にあるボナサウナ。体感加減が違うそう

五香湯には「バドガシュタインラドン222」というラジウム鉱石の湯がある。免疫力や内臓機能向上などが期待でき、その効果は普通のラドンより長く続くという希少な鉱石。隣のサウナ室もラジウムの効果があるというので、健康にこだわる人は通ってみては？

鉱石の湯は大人気

（上）ラドン鉱石が浴槽にゴロゴロ沈む鉱石の湯は2Fにある（下）浴槽は数種類あり、レジャー施設のような銭湯！

（銭湯）

五香湯

ごこうゆ

🏠 京都府京都市下京区黒門通
　五条上る柿本町590-12
📞 075-812-1126
🕙 14:30～翌0:30
　（日曜7:00～翌0:00）
🔒 月曜、第3月曜の翌火曜
📍 地下鉄五条駅／阪急大宮駅／
　JR丹波口駅から徒歩12分
🅿 10台
💴 490円
♨ 岩盤浴は予約制、別途料金

男湯
サ 85℃／10人
水 18℃／6人

女湯
サ 83℃／10人
水 18℃／6人

共通

紫野 (北区)

THEME
24

#貴重なタイルアート

登録有形文化財で現役の銭湯は、どこを見ても貴重な芸術作品が並ぶ博物館のよう！

脱衣所も文化財！

大正時代のマジョリカタイルは意匠も色もハイセンス！

脱衣所や浴室前にびっしりと貼られたタイルに驚く！欄間の彫刻も文化財なので、要チェック

大正時代初期に料理旅館のお風呂として建てられた。色がきれいで表面の凹凸が個性的な装飾の「マジョリカタイル」は、創業当時も大人気！銭湯としての営業は昭和8（1933）年からで、脱衣所と浴室部分が平成15（2003）年に登録有形文化財に。日替わりで男湯女湯が入れ替わる、文化財に浸かれる貴重な銭湯。

（上）天井が低めでほの暗い照明が、リラックスムードを醸し出すサウナ室（下）玄関の唐破風が料理旅館だった頃の面影を残す

銭湯

船岡温泉
ふなおかおんせん

🏠 京都府京都市北区紫野
　南舟岡町82-1
📞 075-441-3735
🕒 15:00 ～翌1:00
　（日曜8:00 ～）
🏠 無休
🚌 市バス千本鞍馬口から
　徒歩5分
Ⓟ 11台
💴 490円
🧴 ミニシャンプーなどは販売

男湯（入れ替え制）

| サ | 83℃／10人 |
| 水 | 18℃／3人 |

女湯（入れ替え制）

| サ | 90℃／6人 |
| 水 | 18℃／3人 |

共通

地元感満載♡
紫野サん歩！

ひと風呂浴びたらカランコロンと下駄を鳴らし、
地元住民が愛する神社やカフェに立ち寄りたい。

天狗＆牛若丸♪

現役の銭湯で、
文化財を堪能

①

銭湯アートをめぐる

船岡温泉
ふなおかおんせん
文化財の銭湯ってスゴイ！壁
を飾るタイル、脱衣所の欄
間、天井の木彫にも注目を。
→P.061

タイルも貴重！

千本釈迦口に架か
っていた「菊水橋」
が建物の一部に！

脱衣所や浴室などは撮
影禁止なので要注意

壁一面のマジョリカタイルが
銭湯の名残

気分上がる〜♪

ケーキは不定期で
ラインナップが変
わる。550円

アニメに出てくる銭湯
みたいな、絵になる外観

さらさ西陣
さらさにしじん
建物自体がアンティーク！元
銭湯の壁いっぱいに貼られた
タイルは、今見ても斬新。

🏠 京都府京都市北区紫野東藤ノ森町11-1
📞 075-432-5075
🕐 11:30 〜 21:00（金・土曜〜 22:00）
🔒 水曜

② 良縁開運を祈る

"玉の輿"の
語義がある古社

西陣の八百屋の娘・お玉さんが徳川将軍の母に。今宮神社の再興にも尽力

今宮神社
いまみやじんじゃ
疫病災厄を鎮静する社として平安時代以前からある、西陣の産土神。「玉の輿」に憧れる人も多数訪れる古社。

🏠 京都府京都市北区紫野今宮町21
📞 075-491-0082
🕐 9:00 〜 17:00（社務所・授与所）
🔓 無休
💴 参拝自由

あやかりたい！

やすらい祭の花傘がモチーフの御朱印。500円

境内には多くの社がある。桂昌院（お玉さん）のレリーフは拝殿前

大阪

京都

兵庫

滋賀

奈良

和歌山

③ 門前菓子を
堪能する

千年の老舗

あぶり餅ひと品でやってきた

一文字屋和輔
いちもんじやわすけ
1000年も続く今宮神社門前の茶屋。餅のあぶり方、タレの仕込みなど、代々の女将が一子相伝で受け継ぐ。

🏠 京都府京都市北区紫野今宮町69
📞 075-492-6852
🕐 10:00 〜 17:00
🔓 水曜（1・15日・祝日の場合翌日休）

今宮神社の東門に向かって、右手側の店舗

すべて手作業

白味噌ベースの甘辛いタレをたっぷりと。あぶり餅1人前
11本600円

一気に60本以上の餅を炭火であぶる。焦げ目が香ばしく何本でも食べられる

鷹峯（北区）

たかがみね

THEME
2.5

#フィンランドサウナ

自然豊かな鷹峯は、平安時代から代々の天皇が鷹狩や遊猟をした地で、江戸時代になると本阿弥光悦が一族を連れて移り住み芸術文化を発信する「光悦村」を作った。そこからさらに細い山道を車で5分、走った森の中にポツンと佇む一軒家がReplusだ。誰とも顔を合わせず完全にプライベートで過ごせるサウナは、春夏秋冬いずれの季節も大自然を感じる特別で贅沢な体験ができる。フィンランド製サウナの薪ストーブNARVIを使用したセルフロウリュでじっくり温まり、鴨川の源流水をそのままかけ流す水風呂や目の前を流れる沢を楽しめば、自然からのギフトに心から感謝したくなるだろう。滞在時間の8時間が、なんと短く感じることか！

ほん あ み こうえつ

（上）露天風呂、源流水かけ流しの水風呂、外気浴が設えられた1Fのスペース（下）2Fのレセプション（受付）とキッチン

ひと時、森の住人になる
究極のヒーリングゾーン

本阿弥光悦が開いた光悦村のさらに奥、鷹峯の山中に佇む一日一棟丸ごと貸切れるサウナ。

サウナ
森のサウナ
Replus
もりのサウナ リプラス

🏠 京都府京都市北区大宮秋葉山1-8
📞 予約制・予約はHPから
🕐 火・木曜11:00 〜 19:00
　（土・日曜、祝日10:00 〜 18:00）
🔒 月・水・金曜
📍 京都駅から車で35分
🅿 5台
💰 6万5000円〜
　（5名まで、時期により異なる）
👙 サウナ・露天風呂・水風呂は水着で

森の景観を邪魔しない、山小屋風の建物。立ち上る煙もイイ感じ

男女共通

| サ | 70℃ / 5人 | |
| 水 | 16℃ / ー | |

PICK UP!

サ サウナの本場・フィンランド製のストーブは、熱伝導率が高く蒸気もよく上がる。

水 水風呂は3つあり、すべて室外。寒い季節以外は、すぐそばにある沢に浸かるのもOK！

露天 水風呂があるスペースは、どこでも外気浴が可能。ベンチや椅子もスタンバイ。

食 お弁当とBBQのデリバリーがあり、注文は各提携店へ電話予約。詳細はHP要確認。

大人の時間を満喫

大阪

京都

兵庫

滋賀

奈良

和歌山

大量のサウナストーンが薪の炎で焼かれる。石が多いほど蒸気も増えるそう

サウナルームの木製の腰掛は、座る位置でもストーブの熱を加減できる

堀川七条（下京区）

京田辺（京都）

THEME
26

#個室サウナ

近年少しずつ増えている個室サウナ。プライベートで楽しめるのがいいところ！

全館遊べるリゾートスパ!!

（ホテル）

SPA&HOTEL 水春 松井山手
スパ＆ホテル すいしゅん まついやまて

- 🏠 京都府京田辺市山手中央5-1
- 📞 0774-62-1126（スパ）
- 🕐 6:00～翌2:00
- 🔒 5月第3水曜、11月第3水曜
- 📍 JR松井山手駅から徒歩5分
- 🅿 377台
- 💰 施設利用料1285円（入湯税含む）
  ＋個室60分2人利用4400円～
  （土・日曜、祝日施設利用料1395円）
- ♨ 個室サウナ予約制・予約はHPから

男女共通
| サ 80～90℃ / 2人 |

♨ 水風呂は2階大浴場を利用（男女別）。水温16℃炭酸水風呂

（左）個室サウナの利用は2人まで（上）大浴場のロウリュサウナ（下）温泉「京美人の湯」は源泉かけ流し

大浴場に露天風呂に、広いサウナもあって遊び放題なのが大型スパの利点。友達、夫婦、恋人で楽しみたいなら個室サウナはいかが？室温、ロウリュもお好みでどうぞ！

男女利用可！特別な日の完全個室サウナ

（ホテル）

Living sauna by MONday
リビング サウナ バイ マンデー

- 🏠 京都府京都市下京区八百屋町1
  マンデーアパートプレミアム京都堀川七条
- 📞 075-353-1922
- 🕐 24時間
- 🔒 無休
- 📍 JR京都駅から徒歩10分
- 🅿 なし
- 💰 1室4名まで1万2000円（90分）～
- ♨ 予約制・予約はHPから

男女共通
| サ 80℃ / 3人 |
| 水 15℃ / 1.2人 |

（左）木目調のサウナ室（上）茶室をイメージするJAPANESE（下）北欧風にまとめられたFINLAND

個室型フィンランド式サウナを備える部屋は、URBAN、FINLAND、JAPANESEの3室。チラー付き水風呂など、サウナー専門ブランドTTNEの設計！

精華町
（京都）

大阪

京都

兵庫

滋賀

奈良

和歌山

THEME
27

#スッカマサウナ

スッカマは炭窯汗蒸幕という、韓国伝統の古式サウナのこと。未知なる経験にワクワク！

え！服着てるの!?

ニュートレンドになる予感♪
日本初のスッカマ再現！

熱源は窯そのもの！遠赤外線の熱が窯全体から放たれ、じわじわと体を温める

「源氏の湯」が2022年春に、スッカマを導入しオープン。炭材をプルガマ（火の窯）にくべて炭にした後に残る窯の熱を利用する、韓国伝統の民間療法の熱気浴だ。3棟あるスッカマは専用着があり、男女一緒に入室可。たっぷり汗を流したら、水風呂の代わりにフリーザーサウナを利用しよう。

（上）スッカマは高温窯・中温窯・低温窯の3種類（下）他にも露天・天然温泉美肌の湯、高濃度炭酸泉、庭園サウナなどがある

スパ施設

スッカマ 源氏の湯
スッカマ げんじのゆ

🏠 京都府相楽郡精華町
　光台1-5-1
📞 0774-43-4126
🕐 8:00 ～翌0:00
　（土・日曜、祝日6:00 ～）、
　スッカマ10:00 ～ 23:00
🔒 無休（点検休館あり）
📍 近鉄新祝園駅／
　JR祝園駅からタクシーで10分
🅿 216台
💰 1000円（土・日曜、祝日1100円）
　スッカマ+800円（土・日曜、祝日+900円）

スッカマサウナ
男女共通
サ 90~150℃／15人
（高温窯）

水 －／－

🛁 通常エリアに水風呂あり

大型スパ施設はもとより、"町のお風呂屋さん"も個性をのばして頑張っている。魅力を再発見しに、暖簾をくぐろう！

新町六条（下京区）

（銭湯）

白山湯 六条店
はくさんゆ ろくじょうてん

白山湯 高辻店（→P.056）の姉妹店。豊富な地下水を汲み上げているので、水量や勢いは勝るとも劣らず。ご主人によると若干水質が違うそう。

🏠 京都府京都市下京区艮町893 📞 075-351-2723 🕐 15:00〜翌0:00（土・日曜、祝日7:00〜） 🚪 水曜 📍 JR京都駅から徒歩10分 🅿 15台 💴 490円

男湯

| サ | 110℃／12人 | 🛁🚿 | 水 | 17℃／4人 | 🚿❄🧖 |

女湯

| サ | 105℃／10人 | 🛁🚿 | 水 | 17℃／6人 | 🚿❄🧖 |

共通

🍴 🔒 💰　　🧴 水を噴出するライオンも、高辻店と同じ顔

高辻店同様、水風呂がスゴイ！

大将軍（上京区）

（銭湯）

山城温泉
やましろおんせん

サウナー用語でいうところのシングル（水の温度10℃未満）。銭湯でこの低温はあり得ない、と評判に。サウナ室は男女とも広めでゆったり。

🏠 京都府京都市上京区仁和寺街道御前西入ル下横町218 📞 075-461-1345 🕐 15:00〜翌1:00（日曜8:00〜） 🚪 木曜 📍 JR円町駅から徒歩10分 🅿 12台 💴 490円

男湯

| サ | 110℃／10人 | 🛁🚿 | 水 | 9℃／2人 | 🚿❄🧖 |

女湯

| サ | 100℃／10人 | 🛁🚿 | 水 | 9℃／2人 | 🚿❄🧖 |

共通

🍴 🔒 💰　　🧴 ドライサウナなので、100℃を超えるが体感は低い

水がキンキンに冷えてるっ!!

紫野（北区）

（銭湯）

むらさき湯
むらさきゆ

浴室の奥にサウナがあり、かなりの高温だが適度な湿度で、TVを見ながら汗をかける。地下100mから汲み出す水は、やわらかく肌に優しそう。

🏠 京都府京都市北区紫野東舟岡町15 📞 075-431-6558 🕐 15:00〜翌0:30 🚪 月曜 📍 市バス北大路堀川から徒歩1分 🅿 5台※所定有料P使用で100円返金 💴 490円

男湯

| サ | 130℃／10人 | 🛁🚿 | 水 | 15℃／3人 | 🚿❄🧖 |

女湯

| サ | 80℃／8人 | 🛁🚿 | 水 | 15℃／3人 | 🚿❄🧖 |

共通

🍴 🔒 💰　　🧴 紫野にあるむらさき湯には、あちらこちらに紫色の装飾が

サウナと水風呂の温度差MAX!?

河原町御池 (中京区)

（銭湯）

京都玉の湯
きょうとたまのゆ

押小路に現れる黄色い外壁が目印

明治27 (1894) 年創業、隅々まで掃除が行き届き清潔感がある銭湯。天然地下水の水風呂はサウナのすぐ隣。男湯ではライオンとヒツジが水を出す。

🏠 京都府京都市中京区押小路通御幸町西入亀屋町401
📞 075-231-2985 🕐 15:00～翌0:00 🏠 日曜 🚃 地下鉄京都市役所前駅から徒歩5分 🅿 なし 💴 490円

男湯
サ 110℃/5人　水 19℃/3人

女湯
サ 100℃/4人　水 19℃/2人

共通
🍴 京都御苑が近く、ランナーズステーションに指定

嵯峨野 (右京区)

（スパ施設）

さがの温泉 天山の湯
さがのおんせん てんざんのゆ

京都市内では珍しい天然温泉

地下1200mから湧き出す源泉は、効能豊富な天然温泉。露天風呂や大浴槽などがあり、男女合わせて3つのサウナが。ロウリュサービスも充実！

🏠 京都府京都市右京区嵯峨野宮ノ元町55-4-7 📞 075-882-4126 🕐 10:00～翌1:00 (最終受付翌0:00) 🏠 第3月曜 (祝日の場合翌B休) 🚃 嵐電有栖川駅から徒歩3分 🅿 150台 💴 1050円

男湯
サ 85℃/35人　水 16℃/6人

女湯
サ 75℃/25人　水 16℃/5人

共通
🍴 リラクゼーション、韓流あかすりなどのサービスや食事処もある

宇治 (京都)

（スパ施設）

宇治天然温泉 源氏の湯
うじてんねんおんせん げんじのゆ

観光の後は温泉で疲労回復

露天風呂は天然温泉。露天にあるサウナは、11、15、19、21時に「スーパーロウリュ」として大団扇で一人ひとりに風を送るアウフグースあり。

🏠 京都府宇治市大久保町大竹52 📞 0774-41-2615 🕐 10:00～翌0:00 (土・日曜、祝日6:00～) 🏠 無休 (点検休館あり) 🚃 近鉄大久保駅/JR新田駅から徒歩8分 (近鉄大久保駅から無料送迎バスあり) 🅿 124台 💴 1000円

男湯
サ 95℃/30人　水 17℃/10人

女湯
サ 90℃/30人　水 17℃/10人

共通
🍴 土・日曜、祝日6:00～9:00、700円〈朝風呂〉

大阪　京都　兵庫　滋賀　奈良　和歌山

MAXととのう
サウナの入り方を伝授!!

サウナはどんな効果を体に及ぼすの？効果的な入り方は？
医師であり日本サウナ学会代理事の加藤容崇先生に聞いてみました！

1 サウナ→水風呂→外気浴の基本セットを繰り返すべし！

1セット「サウナ→水風呂→外気浴」を3回ほど繰り返すのが効果的。サウナ室を出る時間は施設や体調によって体の温まり方が違うので、心拍数が軽く運動したときの心拍数と同じくらいになったら、が目安。

STEP 1
サウナ

高温という極限の環境に体が順応しようとする。生存本能（交感神経）が働く。

> **Q ドライサウナとウェットサウナどちらが効果的？**
> 大切なのは「自分が気持ちいいこと」。2つは体の温まり方に違いがあり、好きなほうを選ぶのがベスト。

ととのう

極限状態からリラックスへ。体内に目まぐるしい変化を起こすことで"ととのう"という感覚が得られる。

STEP 3
外気浴（休憩）

「もう安全だ」と判断した体がゆるまり、通常よりも深くリラックス状態に。血流が増加し、体が軽くなる。

STEP 2
水風呂

極限まで温まった体が急激に冷やされ、再び体が順応しようと生存本能（交感神経）にスイッチが入る。

効果 1
脳疲労がとれて思考がクリアに！
脳疲労の原因は何かを考えてしまうこと。サウナに入ると高温に対応しようと思考が強制的に停止され、結果的に脳疲労が軽減される。

効果 2
肩こりや腰痛などが改善する！
温熱効果によって硬くなった筋肉がほぐれ、血行がよくなる。血液が体を疲労させる物質を運び去り、体がスッキリ！

効果 3
集中力がアップする！
サウナに入るとリラックスしたときに出る脳波「α波」が正常化。α波の正常化は認知機能や集中力の向上につながると報告されている。

効果 4
脳が休まり瞑想した後のようになる！
サウナに入ることで脳がクリアになり、集中力がアップし、覚醒しゾーンに入る。この状態はたとえるなら瞑想した状態に近いといえる。

主な著書

『医者が教えるサウナの教科書 ビジネスエリートはなぜ脳と体をサウナでととのえるのか？』ダイヤモンド社　1540円

2 目覚めの朝サウナは1〜2セット 快眠の夜サウナは3セットがGOOD!

頭をシャキッとさせたい朝、サウナはいつもより短めにして、水風呂はさっと体を冷やす程度。外気浴は眠くなってしまうため行わない。夜は体に大きな変化を起こすことで深い眠りにつくことができる。目安はこちら。

朝 ☀

| お風呂全身浴
（冬の場合、夏はシャワー）
1分 | → | サウナ
5分 | → | 水風呂
10秒 | → | ぬるいシャワー
（外気浴はなし） | これを**1〜2**セット |

夜 🌙

| お風呂全身浴
（冬の場合、夏はシャワー）
2分 | → | サウナ
7分 | → | 水風呂
1分 | → | 外気浴
5分〜10分 | これを**3**セット |

3 サウナ室は場所によって温度が異なる

階段状の椅子は上へ行くほど高温に。ヒーターのあるサウナはヒーター正面の上段が熱くなり、ロウリュのあるサウナは湯気が向かうストーブ横の上段が熱くなる。好みで座る場所を決めよう。

4 あぐら&体育座りで効果UP!

ムラなく体を温めるにはサウナ室ではなるべく体の高低差をなくすことが正解。足先が冷えているとうまくととのわないので、足を上げてあぐらか体育座りの姿勢をとるのがおすすめ。

こんなサウナに注意！

① 熱すぎる温度・熱波

熱すぎるアウフグースをする施設やドライサウナは火傷や目、肌を痛める原因に。

② 水分摂取できない

飲水がない、水分を補給できる設備が整っていないと脱水症状を起こす危険がある。

③ 不衛生

サウナ室、洗い場、風呂場などが不衛生な施設は論外。感染症にかかる恐れもある。

④ 水風呂に手すりがない

水風呂から出るときは血圧が急激に変化することで転倒を起こしやすい。

（上）天然塩がこんもりと盛られた
塩サウナ。出口には自動のシャワー
を完備（下）シャキッ！とする露
天水風呂は通年11.7℃に設定

三宮（中央区）

THEME
28

#ロウリュ日本一

全国のサウナーがこぞって訪れる関西サウナの大本命がこちら。

1954年の開業以来、多くのサウナーに愛され続ける老舗で、日本で唯一のフィンランドサウナ協会正会員。サウナは「メインサウナ」「塩サウナ」、「トルコ式ハマーム」、そして2022年に新しくなったばかりの「フィンランドサウナ」の4つ。「神戸サウナ&スパ」といえばホスピタリティの高さに定評があるが、理由のひとつが圧倒的なロウリュの多さだ。メインサウナでは、30分おきに熱波師が熱を送る。"フィンランドの湖畔に佇む静かなサウナ小屋"をコンセプトに造られたフィンランドサウナは、ケロを使用したなんとも贅沢な設計。ここではセルフロウリュを楽しむことができる。

圧倒的なロウリュ回数を誇る 関西サウナの老舗

（サウナ）（男性専用）

神戸サウナ&スパ

こうべサウナ&スパ

🏠 兵庫県神戸市中央区
下山手通2-2-10
📞 078-322-1126
🕐 24時間
🔓 無休
📍 JR三ノ宮駅から徒歩5分
Ｐ なし
💴 1900円〜
🎫 料金に館内着代込み

天然温泉が湧き出る「神乃湯温泉」「ハンガリアンバス」

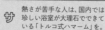 110℃／30人ほか
 11.7℃／6人

PICK UP!

🔥 熱さが苦手な人は、国内では珍しい浴室が大理石でできている「トルコ式ハマーム」を。

💧 露天エリアの水風呂のほか、屋内にはサウナ初心者にも優しい23℃の水風呂を完備。

🌊 毎月8日のハットの日は熱波師2名による「ダイナミックロウリュ」を実施。

🍴 8Fにあるレストランでは、小鉢から定食までバラエティに富んだサ飯を提供している。

大阪　京都　兵庫

滋賀　奈良　和歌山

材木などはすべてフィンランドから直輸入したというフィンランドサウナ

入口にはヴィヒタも用意されている。バケツシャワーで汗を流してから水風呂へ

三宮（中央区）

THEME
29

#バラの蒸気浴

美容感度が高い神戸のスパ
バラの香りのミストサウナも

すてきな香り♪

ローズテルマリウムではバラの蒸気に包まれ、肌がしっとりと潤う

神戸のど真ん中・三宮で天然温泉とサウナが24時間楽しめる施設。ドライサウナのほか、バラのオイルを使ったミストサウナ「ローズテルマリウム」も人気が高い。季節限定のエステやボディケアメニューも充実しており、スムージーやヘルシーな定食など女性専用ならではの心遣いも。

いい香りのサウナにエステ、岩盤浴…と女性にうれしいサービスが満載。

（サウナ）（女性専用）

神戸レディススパ

こうべレディススパ

🏠 兵庫県神戸市中央区
　下山手通2-2-10
📞 078-322-1726
🕐 24時間
🔒 無休
📍 JR三ノ宮駅から徒歩5分
Ｐ なし
💴 1900円〜
🧖 岩盤浴+520円

| サ | 90℃／6人ほか |
| 水 | 16℃／3人 |

（上）六甲山系から湧く天然温泉のスパゾーン。寝浴やマッサージ浴も（下）外気浴テラスも白で統一されている

三宮（中央区）

THEME
30

#神戸ウォーター

ミネラルウォーターと温泉で
健康美人を目指す♪

「神戸ウォーター六甲布引の水」を毎分50ℓの勢いで放流する水風呂。抗酸化力が高いそう

昭和の環境省選定の名水100選「神戸ウォーター六甲布引の水」を館内すべてで利用する天然温泉施設。名水100％かけ流しの水風呂や、高濃度炭酸泉（女性のみ）に贅沢に浸かれるほか、2種の天然温泉、重曹泉・硼酸泉も楽しめる充実ぶり。館内の名水レストランや仮眠室、カプセルホテルと組み合わせて使うのも便利。

2種の天然温泉のほか、地元の名水の風呂を用意する珍しい施設。美肌効果がアップしそう。

（上）男性用の高温サウナでは20分に1回オートロウリュが作動
（下）体の新陳代謝を促すといわれる硼酸泉でポカポカに

カプセルホテル

神戸クアハウス
こうべクアハウス

🏠 兵庫県神戸市中央区
二宮町3-10-16
📞 078-222-3755
🕐 24時間（深夜3:00〜
6:00は清掃）
🈳 無休
📍 JR三ノ宮駅から徒歩8分
P なし
💰 1100円

男湯
| サ | 97℃／17人 |
| 水 | 18℃／8人 |

女湯
| サ | 75℃／10人 |
| 水 | 18℃／6人 |

共通

徒歩でGO！
神戸クアハウス
から15分（→P.075）

レトロかわいい！
北野サん歩！

高台に広がる北野異人館街は、すてきな洋館がいっぱい！優雅にお茶することもお忘れなく♡

調度品も豪華

外国人専用の高級借家として建てられた

① クラシカルな町並みを散策

古城のような洋館で
神戸の眺望を愛でる

展望ギャラリー 3階から神戸の町が見渡せる

1階居間のステンドグラスは青と緑の2色

うろこの家＆展望ギャラリー
うろこのいえ＆てんぼうギャラリー

明治期築・大正期移築の、神戸で最初に公開された異人館。約4000枚ものウロコのような天然石に覆われた外観から「うろこの家」と呼ばれる。

🏠 兵庫県神戸市中央区北野町2-20-4
📞 0120-888-581
🕙 10:00 〜 17:00（時季により異なる）
🔒 無休
💴 1050円（最新情報はHP要確認）

風見鶏の館
かざみどりのやかた

レンガの外壁が美しく風見鶏が印象的な洋館は、神戸を象徴し、重要文化財に指定されている。

🏠 兵庫県神戸市中央区北野町
　3-13-3
📞 078-242-3223
🕙 9:00 〜 18:00（最終入館17:45）
🔒 2・6月第1火曜（祝日の場合翌日休）
💴 500円（単館券）

美しい立ち姿の館に
誰もがうっとり♡

内装も素敵！

1 1階の応接間。各部屋の内装はドイツの伝統様式が取り入れられている
2 中世の古城を思わせる梁や暖炉がある食堂

②　異国情緒あふれる
レストランでランチ

神戸っ子も愛し続ける
ロシア料理の老舗店

純ロシア料理
神戸バラライカ

じゅんロシアりょうり こうべバラライカ

昭和26（1951）年に創業。いち早くロシア料理を日本に紹介した名店で、開店当初の味と伝統を受け継ぐ。

🏠 兵庫県神戸市中央区中山手通
1-22-13 ヒルサイドテラスビル3F

📞 078-291-0022

🕐 11:30 〜 14:00、
17:30 〜 21:00

🔒 月・火曜

ピロシキも人気

ボルシランチは、定番のボルシスープにピロシキ、ドリンクが付いて1200円

ロシアの家庭料理を学び伝える姿勢は3代目オーナーも変わらない

大阪　京都　兵庫　滋賀　奈良　和歌山

③　憧れのミルフィーユに
心もとろける！

銀座マキシム・ド・パリのレシピで作る、苺のミルフィーユセット2200円

コロニアル様式の館で
伝説のスイーツを！

北野異人館 旧ムーア邸

きたのいじんかん きゅうムーアてい

ムーア氏一族が居住し非公開だった、コロニアル様式の白亜の洋館。サロンでは伝説のスイーツをどうぞ！

🏠 兵庫県神戸市中央区北野町2-9-3

📞 0120-210-189（レストラン総合窓口11:00 〜 20:00）

🕐 11:00 〜 17:00

🔒 火曜、不定休

夢のような館

■1 映画のワンシーンに出てくるような玄関 ■2 ハーブや季節の花々が茂る庭先のテラス席 ■3 サロンも白×青で明るく清楚な空間に

きらめく神戸の夜景と
幻想的な足湯のコラボ

(上) 展望足湯庭園 (左) 自動ロウリュのある高温サウナ (右) ナノミストサウナ

ハーバーランド（中央区）

THEME
31

#神戸の夜景

人気エリア・神戸ハーバーランドの定番施設。夜景が見られる足湯展望足湯庭園が人気。

宿泊、デイユースともに可能な大型温泉施設。最上階、地上105mの位置にある展望足湯庭園で地元のシンボル・神戸ポートタワーを眺めたり、ゆったりとした造りの大浴場で高温サウナ・ナノミストサウナを利用したりと、多彩な楽しみ方が可能。使用鉱石・効果が違う6種の岩盤浴で、体を内側から温めるのもオススメ!

（スパ施設）

神戸ハーバーランド温泉 万葉倶楽部

こうべハーバーランドおんせん まんようくらぶ

🏠 兵庫県神戸市中央区
東川崎町1-8-1
プロメナ神戸
📞 078-371-4126
🕐 24時間
🔒 無休
📍 JR神戸駅から徒歩5分
P なし
💴 2530円 (+入湯税75円)
🎀 レディースプランもあり

男湯

サ	80℃／20人ほか		
水	18℃／5人		

女湯

サ	78℃／20人		
水	18℃／5人		

共通

(上) 大浴場は湯船も洗い場もゆったりした造り。内露天風呂や寝湯も併設 (下) 体の芯から温まり、持続性があると評判の炭酸泉

熱波隊による気合いのパフォーマンスがアツい！

（左）高温サウナ（上）サウナ好きのスタッフ・熱波隊のパフォーマンスが人気（下）ととのい椅子がズラリと並ぶ

スパ施設

美健SPA 湯櫻
びけんスパゆざくら

- 兵庫県川西市火打1-16-6 オアシスタウンキセラ川西2F
- 072-744-0005
- 10:00～翌0:00
- 不定休
- 能勢電鉄絹延橋駅から徒歩5分
- P 827台
- 850円～
- 岩盤浴+650円～

男湯		
サ	90℃	32人
水	16℃	5人

女湯		
サ	80℃	22人ほか
水	18℃	5人

共通

半露天風呂、内風呂それぞれが充実したスーパー銭湯。男性用サウナでは熱波隊によるロウリュ（アウフグース）サービスあり！女性用サウナでは不定期。

ダイナミックな熱波を感じて発汗力アップ！

（左）熱波風呂のロウリュウアトラクションは2時間に1回（上）巨大プロペラが回転する熱風風呂（下）駅チカの立地

スパ施設

みずきの湯
みずきのゆ

- 兵庫県尼崎市蓬川町295-3
- 06-6411-4126
- 9:00～翌2:00（金・土曜、祝前日～翌8:45）
- 不定休
- 阪神尼崎センタープール前駅から徒歩5分
- P 300台
- 870円～
- 岩盤浴+800円～

男湯		
サ	90℃	25人
水	16℃	15人

女湯		
サ	90℃	20人
水	16℃	15人

共通

高濃度炭酸泉の大浴場に、スタッフによる大うちわのロウリュウアトラクションがある熱波風呂（スタジアムサウナ）を併設。

寝転んでデトックス！
本格チムジルバンにトライ

須磨
（須磨区）

THEME
(33)

#チムジルバン

チムジルバンと天然温泉が一度に楽しめる施設。時間制限ナシなので一日過ごすのもオススメ。

マイナスイオンと遠赤外線で血行を促進する岩塩房。皮膚の老化防止が期待できそうなチムジルバン

天然温泉を含む11種の入浴施設と、チムジルバン7房を備えたスーパー銭湯。本場韓国のエッセンスを取り入れたチムジルバンはデトックスや疲労回復に効くと評判で、滞在中時間制限ナシで何度でも利用できる。ミネラルたっぷりのヒマラヤ岩塩を使用した岩塩房や、女性専用の美人房など、自分に合う房を見つけて。

（上）遠赤外線タワーサウナ（下）源泉は美人の湯と呼ばれる須磨白川温泉。天然温泉の岩風呂や源泉つぼ湯などさまざまな浴槽を用意

（スパ施設）

チムジルバンスパ神戸
チムジルバンスパこうべ

- 🏠 兵庫県神戸市須磨区
  車字奥中ノ尾772-6
- 📞 078-747-1126
- 🕙 10:00〜翌0:00
- 🈶 無休
- 📍 阪神高速道路白川南ICから
  車で2分
- 🅿 200台
- 💴 2000円

男湯

サ	81℃／20人		
水	17℃／6人		

女湯

サ	81℃／20人		
水	17℃／6人		

共通

灘（東灘区）　垂水（垂水区）

THEME
34
#スチームサウナ

温度は低いけれど温度が高めのスチームサウナ。肌を乾燥から守りつつ利用したいときにぜひ。

天然温泉×スチームサウナでしっとり美人に

（左）初心者にもオススメのスチームサウナ（塩サウナ）（上）遠赤外線サウナ（下）開放感たっぷりの露天にてクールダウン

スパ施設

恋野温泉 うはらの湯
こいのおんせん　うはらのゆ

🏠 兵庫県神戸市東灘区
住吉東町4-1-3
☎ 078-854-1126
🕐 6:00～23:30
（最終受付23:00）
🔒 無休
📍 JR住吉駅から徒歩10分
Ｐ 100台
💰 1200円～
♨ 岩盤浴+800円～

男湯		
サ	80℃	20人
水	17℃	6人

女湯		
サ	80℃	12人
水	17℃	6人

共通

源泉かけ流しの露天風呂などが揃う施設。遠赤外線サウナや、肌をじんわり包むような塩サウナ（低温スチームサウナ）を完備し、特に女性に人気。

瀬戸内海の絶景とスチームでリフレッシュ

（左）老廃物や毒素を排出できるといわれる蒸気風呂（上）質のいい汗をかける岩盤浴（下）瀬戸内海が見える露天風呂

スパ施設

SPA専 太平のゆ
スパせん　たいへいのゆ

🏠 兵庫県神戸市垂水区
海岸通2166-2
☎ 078-708-1126
🕐 10:00～24:00（土・日曜、
祝日8:00～）
🔒 無休
📍 JR垂水駅から徒歩10分
Ｐ 220台
💰 800円～
♨ 岩盤浴+500円～

男湯		
サ	90℃	20人
水	16℃	6人

女湯		
サ	85℃	18人
水	16℃	6人

共通

目の前は瀬戸内海の好立地。露天風呂に併設された蒸気風呂（スチームサウナ）では定期的に塩サウナも行っており、特に男性から人気を集めている。

穏やかな海を一望できる
日帰りスパリゾート

淡路（兵庫）

THEME
35

＃まるで海外

神戸から少し足をのばして。海外旅行気分を味わえるNEW施設へ！

（スパ施設）

アクアイグニス淡路島

アクアイグニスあわじしま

🏠 兵庫県淡路市夢舞台2-28
📞 0799-73-6602
🕐 7:00 〜 22:00（店舗により異なる）
🔒 淡路島国営明石海峡公園に準ずる
📍 鳴門自動車道淡路ICから車で5分
Ｐ 180台
💴 900円〜
🧖 伊弉冉の湯湯は水着着用必須

男湯

サ	40℃／4人	
水	−／−	

女湯

サ	40℃／4人	
水	−／−	

共通

（汗がじんわり）

ミネラルを口や鼻、皮膚から体内に取り入れられるZa-TOJI

PICK UP!

🔥 地下1000mから湧出する天然温泉あり。ナトリウム塩化物温泉なので、肌がしっとり。

🧴 シャンプー、コンディショナー、ボディソープ、ドライヤーなど備え付けあり。

🍴 レストランの選択肢が多いのもうれしいポイント。昼・夜ともに営業している。

🚲 世界的自転車ブランドTREKのスポーツサイクルを80台以上完備。

ファミリーやカップルで一緒に楽しめる水着温泉「伊弉冉の湯湯」

2022年7月、淡路島国営明石海峡公園内にオープンした複合型天然温泉リゾート。神戸から30分、大阪から1時間の距離にありながら、海外のリゾート地に来たかのようなオーシャンビューと天然温泉を楽しむことができる。「食と健康」をテーマにしたこちらでは、天然温泉やスパに加え、イタリアンや和食、寿司、BBQを楽しめる多彩なレストランのほか、レンタサイクルショップなどを完備。天然温泉「伊弉諾の湯」にある、Za-TOJI（座-湯治）では、40℃と温度はあまり高くないものの、想像できないほどの汗をかけるのだそう。オーシャンビューが魅力の水着温泉「伊弉冉の湯湯」には冬限定でテント式サウナが登場する。

（上）淡路島・岩屋で人気の「鮨 希凛」のオーナー、丹野昌也氏がプロデュースする寿司店（下）くつろぎスペースもある

淡路（兵庫）

THEME
36

#リゾートサウナ

関西のリゾート地、淡路島のホテル。
宿泊者専用のサウナ室で海を見ながらのんびりと。

オーシャンビューのサウナと
外気浴スペースでバカンスを

サウナと開放感抜群の外気浴スペースは本館のほか別棟の一棟貸しコテージ（全3棟）にも併設

淡路島西海岸エリアにある、全室オーシャンビューのリゾートブティックホテル。"何もしないことを楽しむ旅"をテーマにした施設で、海の色をモチーフにした16のゲストルームのほか、1日1組限定の一棟貸しコテージがある。サウナ室からももちろん海が見え、日替わりのアロマ水でセルフロウリュが可能。

ホテル

KAMOME SLOW HOTEL
カモメ スロー ホテル

🏠 兵庫県淡路市郡家字大谷北
　1111
📞 0799-85-1900
🕐 IN15:00／OUT11:00
🔒 無休
📍 神戸淡路島鳴門自動車道
　北淡ICから車で18分
🅿 16台
💴 1000円（宿泊者のみ利用可）

男女共通

| サ | 95℃／5人 |
| 水 | 17℃／1人 |

（上）一棟貸しのコテージには海が見える浴槽も（下）サウナ小屋は本館・別棟ともに宿泊者専用。サウナ着の下に着る水着があると便利

佐用町（兵庫）

ひんやり気持ちい〜

サウナも水風呂もアウトドア風
キャンプ場ならではの体験

水風呂はバレルサウナの目の前に流れる天然の川で。その後は澄んだ空気を味わいながら外気浴を

THEME
37
#バレルサウナ

キャンプ場にある本格バレルサウナ。
アウトドアサウナの醍醐味がギュッと詰まった施設。

千種川のほとりにあるオールシーズン対応の
キャンプ場で、コテージやツリーハウス、オ
ートテントサイトを完備。フィンランド式の
バレルサウナが2棟常設され、予約制で貸切
利用が可能。薪を燃やしてスタートし、セル
フロウリュを楽しんだら、目の前に流れる天
然の水風呂へダイブ！

（キャンプ場）

南光自然観察村
なんこうしぜんかんさつむら

🏠 兵庫県佐用郡佐用町
　　船越222
📞 0790-77-0160
🕐 8:30～16:00
🔒 無休
🚗 中国縦貫自動車道
　　佐用ICから車で25分
🅿 112台
💰 1000円（1時間）
　　（+入村料500円、+薪代）
♨ 水着着用必須

男女共通
サ 120℃／4人
水 千種川

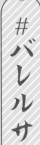

（上）2棟のバレルサウナは各定員
4名。人気のため早めに予約する
のが安心（下）薪は現地で購入可
能。着火剤は無料

木のぬくもりに包まれながら
ツルスベ美肌に

肌や美容にいいとされる天然温泉。施設によって違う泉質・効能をチェックして。

大浴場は開放感たっぷり。写真は男湯・女湯それぞれにある露天檜風呂（源泉外湯・高濃度炭酸泉）

ラグジュアリーな雰囲気の温泉施設。肌がツルツルになるアルカリ性単純温泉は、"美肌の湯"として親しまれている。大浴場にあるのは源泉内湯や電気風呂のほか、サウナ、露天の壺湯・源泉外湯・高濃度炭酸泉など。岩盤浴ファンは、30畳分の岩盤浴・神思汗盤（男女兼用）や、天然鉱石ブラックゲルマ・トルマリン鉱石を使用した半個室の美汗盤（女性専用）をぜひ試して。

（スパ施設）

吟湯 湯治聚落
ぎんとう とうじじゅらく

🏠 兵庫県神戸市北区上津台
　5-5-1
📞 078-986-5000
🕙 10:00～22:00
🔒 第3木曜
📍 中国自動車道
　神戸三田ICから車で5分
Ｐ 240台
💰 900円～

男湯		
サ	94℃	12人
水	17℃	10人

女湯		
サ	94℃	12人
水	17℃	10人

共通

（上）露天風呂スペースにあるサウナ。中から庭園が見える（下）館内は落ち着いた雰囲気。レストランや休憩所もあり一日過ごせる

大阪

京都

兵庫

滋賀

奈良

和歌山

なめらかな乳白色のお湯で
身も心も安らぐ

湯量豊富な天然温泉。高台にあり、乳白色のお湯越しに町並みを一望できる

神戸市垂水区のジェームス山に位置する天然温泉施設。露天風呂の望の湯、小望の湯は地下1000mから汲み上げた乳白色の天然温泉で、炭酸カルシウムを含むため"美人の湯"で知られる。地元、塩屋海岸付近の海水を引き入れた朔の湯は、ミネラル成分豊富でタラソテラピーが楽しめる。明るく落ち着いた雰囲気の館内には、レストランや畳敷きの休憩スペースも。

(上) 男湯にはスタジアムサウナ、女湯には塩サウナ、ロッキーサウナを用意(下) 閑静なエリアにあるスタイリッシュな建物

（スパ施設）

ジェームス山天然温泉 月の湯舟

ジェームスやまてんねんおんせん つきのゆぶね

🏠 兵庫県神戸市垂水区青山台
　　7-4-46
📞 078-752-2619
🕘 9:00〜翌0:00
🔒 無休
📍 第2神明道路名谷ICから
　　車ですぐ
Ｐ 150台
💰 800円〜
♨ 熱波イベントあり

男湯
| サ | 98℃／28人 |
| 水 | 19℃／8人 |

女湯
| サ | 84℃／14人 |
| 水 | 19℃／8人 |

共通

もっとサウナが好きになる！
アウフグースの魅力

サウナーを魅了し続けるドイツ生まれの入浴方法・アウフグース。
発汗を促すだけではない魅力を、プロアウフギーサーの鮭山さんに聞きました！

Q そもそもアウフグースって？
サウナで楽しむエンタメ

ロウリュによって発生した蒸気をタオルであおぎ、サウナ室やひとりひとりに熱風を送るサービスのこと。アウフギーサーが音楽に合わせてパフォーマンスすることもあります。

Q どんな効果があるの？
ずばり、より"ととのい"やすくなる！

アウフグースを受けているとあっという間に時間が経ってしまうんです。あまり苦しさを感じることなく、勝手に体が温まる。その結果、水風呂や外気浴がより気持ちよくなり、"ととのい"やすくなるんです。

Q きほんの流れを知りたい！

> 熱波に体が包み込まれ
> 体感温度が一気に上がる

STEP 1	アロマ水を作る
STEP 2	サウナストーンにかけて蒸気を発生させる
STEP 3	サウナ室全体の温度が一定になるようタオルを回す

STEP 4	ひとりずつタオルで熱波を送る
STEP 5	2 ～ 4 をワンセットとして繰り返す
STEP 6	余力のある人は"おかわり"して終了

> 無理は禁物。
> 自分の体と相談して

音楽に合わせてパフォーマンスを行う鮭山さん

この方に聞きました！

プロアウフギーサー
鮭山未菜美さん

全国70以上の施設で毎日アウフグースを行う。AC」世界チャンピオンアウフギーサー。

Q スタイルは人によってさまざま？

関西と関東でも違います

アウフギーサーのチームによってもカラーが全然違います。私が所属している関東のチームでは、サウナ室の温度管理もしながら、しっかり風を届けるのがポリシー。関西のチームはテクニックで魅せるという違いがあります。

Q アウフグースの大会があるって本当？

世界大会まであるんです！

2022年、日本代表として世界大会に出場しました。ストーリー仕立てで10〜15分間、音楽に合わせながらパフォーマンスを行います。評価基準はタオルテクニックだけでなく、構成やアロマ水のセレクトなど多岐にわたります。

大会には「鮭＆鱸（すずき）コンビ」というペアで出場

Q 関西で受けるなら、どこがおすすめ？

サウナ＆カプセル アムザ
(→P.026)

アウフグース慣れされているお客さんが多く、盛り上げてくれるので、初めてでも楽しめると思います。しっかり熱くなるのも魅力ですね。

空庭温泉 OSAKA BAY TOWER
(→P.036)

岩盤浴は男女混浴なので、カップルやファミリーで受けられるのがいいですよね。初心者でも肩肘張らずに楽しめるかなと思います。

Q 最後にアウフグースを楽しむためのポイントを一言！

サウナ初心者こそ受けてほしい！

アウフグースというと「熱さに耐えられないんじゃないか」と思う人も多いのですが、熱さにまだ慣れていない人にこそアウフグースを受けてほしいなと思っています。あっという間に時間が過ぎて、水風呂もすんなり入れるはずですよ。

（上）SUPやミラージュエクリプス（ハンドル操作するスタンディングボード）などのアクティビティも（下）セルフロウリュ可

米原（滋賀）

THEME
(39)

#テントサウナ

7〜11月上旬限定で営業する、琵琶湖のロケーションを生かしたアウトドア施設。フィンランド製のテントサウナで体の芯から温まった後は、琵琶湖へ飛び込みクールダウン。フィンランド伝統の湖畔冷水浴を体験できる。サウナの温度や湿度はセルフロウリュで調節できるのもうれしい。ウッドデッキの外気浴スペースにはビッグソファがあり、湖畔の風に当たりながらゆっくりととのうことができる。キャンプ場の中にあり、夕日のビューポイントとしても有名なこちら。サウナを存分に満喫した後は屋根付きのテラスで夕日を見ながらBBQを楽しむのもオツ（食材の持ち込み可。別途料金要）。SUPなどのアクティビティにも挑戦してみて。

本場フィンランドのサウナのように、湖で冷水浴できる施設

ブランコに乗ってリラックスタイム

テントで限界まで温まった後は、日本一の湖・琵琶湖へダイブ。本場さながらの水風呂体験を。

（サウナ）

OUMI WAVE
オウミ ウェーブ

🏠 滋賀県米原市宇賀野
　　神明キャンプ場
📞 0749-53-1288
🕘 9:00〜日没
🔓 無休
📍 JR坂田駅から車で5分
🅿 40台
💴 2万2000円（8名まで）〜
　　＋入場料500円

男女共通

| サ 70℃ / 8人 | 🔥 💬 |
| 水 20℃ / ─ | ♨ ✳ 💧 |

🍴 🏠 🍽

PICK UP!

💧 本場フィンランド伝統の湖畔冷水浴を体験できる。初心者でも躊躇なくクールダウン。

🔥SELF サウナの温度は薪火と石にかける水の量で調節可能。アロマ水でセルフロウリュも。

🍴 予約すれば屋根付きテラスでバーベキューが楽しめる。食材の持ち込みもOK。

🍴 キッチンカーが出店しているのでOUMI BURGER、ドリンクなどが手軽に購入できる！

大阪

京都

兵庫

滋賀

奈良

和歌山

湖畔の夕暮れ

サウナ内にはベンチ3脚、アロマオイルとロウリュ用バケツセットなどが備わっている

琵琶湖のほとり、遠浅の神明浜に面した最高のロケーションで、どんな思い出を作ろう

大津（滋賀）

THEME
(40)

#薪わかし

琵琶湖のほとり、大津市膳所にある、建物から小物までレトロモダンな雰囲気の銭湯。お湯は薪専用の釜で30分〜1時間ごとに薪をくべながら沸かしていて、外に出れば煙突からモクモク煙が上がる懐かしい光景を見られる。水風呂の水は地下60mから汲み上げる天然水のかけ流しで、冷たすぎない水温や、しっとり肌に吸い付くような質感が特徴。ドライサウナは高いときには120℃もあるといい、これは番頭さんが水風呂好きの人のために水風呂に合う温度を研究した結果なのだそう。週替わりのアロマやこだわりのBGMとあわせて、少し高めの温度を楽しんでみたい。押す、揉む、叩くの3種の刺激が叶う電気風呂も、一度体験するとヤミツキになりそう。

（上）JR膳所駅から徒歩3分の立地。2018年にリニューアルオープンした（下）カワイイ看板猫のトタンに会えるかも！

レトロなペンキ絵にケロリン桶…
銭湯愛の詰まった懐かし空間

薪で沸かすお湯は、店主のお風呂愛のたまもの。お風呂も雰囲気も昔ながらの一軒。

（銭湯）

都湯 -ZEZE -
みやこゆ ゼゼ

🏠 滋賀県大津市馬場3-12-21
📞 090-3820-1126
🕐 15:00 〜 24:00（土曜
　14:00 〜、日曜、祝日8:00 〜）
🔒 木曜
📍 JR膳所駅から徒歩3分
Ｐ 5台
💰 450円（サウナ+100円）

男湯

| サ | 120℃／5人ほか | | |
| 水 | 18℃／1人 | | | |

女湯

| サ | 100℃／5人ほか | | |
| 水 | 18℃／1人 | | | |

共通

サウナの温度は滋賀県トップクラスの高さだそう

PICK UP!

水 天然地下水100％かけ流しという贅沢な水風呂。肌が水に包まれるような質感。

サ 高温ドライサウナでスッキリ。天井、スノコ、背もたれは檜製で清潔感がある。

シャンプー、ボディソープ、綿棒あり。50円でタオル貸出ありなので手ぶらでもOK。

入浴に役立つサウナハットやTシャツなど、オリジナルグッズが豊富。ドリンクもあり。

大阪

京都

兵庫

滋賀

奈良

和歌山

手入れが行き届いた空間。瀬田の唐橋などの近江八景が描かれたペンキ絵にも味がある

現役の煙突です

膳所の町並みに溶け込む銭湯。サウナハットをかけるスペースもある

目の前は琵琶湖！
大パノラマの贅沢露天風呂

滋賀ならではの絶景

露天風呂はどのスペースからも琵琶湖を眺められる。源泉かけ流しの天然温泉や超炭酸泉などがある

守山 (滋賀)

THEME (41)

#琵琶湖ビュー

関西の湖といえば琵琶湖。日によって表情の違う湖を眺め、体の芯まであったまろう！

館内全体が琵琶湖に面していて、特に露天風呂からは琵琶湖や対岸、琵琶湖大橋の絶景が楽しめる。琵琶湖の地下深くの地下水を源泉とする天然温泉は、肌の表面を磨いて美しくする効果が期待できる。露天風呂、内湯のほか、ロウリュウサウナ、4種の岩盤房、びわ湖ビューのリクライナールーム、レストランなどがあり、大充実。

スパ施設

守山湯元水春 ピエリ守山
もりやまゆもとすいしゅん ピエリもりやま

🏠 滋賀県守山市今浜町
　2620-5 ピエリ守山内
📞 077-599-1126
🕙 10:00 ～ 24:00
　（日曜、祝日7:00 ～）
🔒 無休
📍 湖西道路真野ICから車で30分
Ｐ 3000台（ピエリ守山駐車場）
💰 950円～
♨ 岩盤房+800円～

男湯
| サ | 85℃/30人 |
| 水 | 16℃/5人 |

女湯
| サ | 80℃/20人 |
| 水 | 16℃/5人 |

共通

（上）ロウリュサウナでは30分～1時間ごとにオートロウリュを実施（下）サウナ後は水風呂へ。毛穴が引き締まり保温効果が高まる

大津
（滋賀）

大阪

京都

兵庫

滋賀

奈良

和歌山

THEME
42

#大型温浴施設

温泉エリアが充実するのはもちろん、岩盤浴や食事処など館内施設も大規模。家族連れにもオススメ。

自家源泉が2種類！
美肌効果や健康増進を期待

大露天風呂では第一天然源泉美肌の湯、太湖の復活と名付けられた第二天然源泉に浸かれる

琵琶湖の西側、おごと温泉郷にある温泉施設で、人気ラーメンチェーン店の天下一品グループが手掛ける。敷地内には2種類の源泉が湧き、広大な大露天風呂や大浴場、高温サウナ、5種類の岩盤浴などがある。琵琶湖を望める休憩スペースや、大衆演劇などが上演されるあがりゃんせ劇場もあり、幅広い世代に人気。

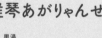
スパ施設

スパリゾート雄琴あがりゃんせ
スパリゾートおごとあがりゃんせ

🏠 滋賀県大津市苗鹿3-9-5
📞 075-577-3715
🕐 10:00～22:00（最終受付21:00）※金・土曜、祝前日～24:00（最終受付23:00）
🔒 無休
📍 湖西道路仰木雄琴ICから車で5分
P 300台
💰 1650円～
✏️ 岩盤浴ウェア代+200円

男湯
| サ | 90℃ / 40人 |
| 水 | 16℃ / 10人 |

女湯
| サ | 82℃ / 34人 |
| 水 | 71℃ / 8人 |

共通

（上）高温サウナではロウリュを実施。アロマの水蒸気で新陳代謝アップ！（下）多様な岩盤浴も利用したい

車でGO！
スパリゾート雄琴
あがりゃんせ
から30分（→P.095）

レイクビューを満喫!!
高島サん歩!

日本一大きい琵琶湖は、山上から眺めるのがオススメ。
極上の景色のとりこになる人、続出!!

①
標高1100mから
琵琶湖を一望

Grand Terraceでは
天候次第で、湖面と水
盤がつながる神秘的な
景色に出合える

感激も地球サイズ！
神がかり的な眺めに圧倒される

眺め、最高♪

ウッディな内装が素敵
なTerrace Café。景色
とスイーツを楽しもう

びわ湖バレイ／びわ湖テラス
びわこバレイ／びわこテラス

ゴンドラで山頂へ上れ
ば、琵琶湖を一望する
絶景が待ち受ける。ウ
ッドデッキ（Grand
Terrace）からの眺め
は、天国の庭園のよう！

🏠 滋賀県大津市木戸1547-1
📞 077-592-1155
🕘 9:00 ～ 17:00（時期により異なる）
🔒 無休（点検休業、天候により変動あり）
💰 びわ湖テラスは無料（ロープウェイ往復4 ～ 10月
3500円、時期により異なる）※HP要確認

お腹も
満足♪

HALUKAからは、
ゴンドラ×琵琶湖
の絶景が

近江牛ローストビーフ
丼（3200円）は、
HALUKAでいただける

ジェラートダブル
（650円）などのスイ
ーツはTerrace Caféで

どこを切り取っても
絵になる楽しい山！

② 人気のフォトスポットに行きたい

びわこ箱館山
びわこはこだてやま

季節の花が咲き誇る花畑やアクティビティを楽しめる。冬季はスキー場になり、休業の施設も。

🏠 滋賀県高島市今津町日置前
📞 0740-22-2486
🕘 9:00 〜 17:00
🔒 不定休
💰 2000円（ゴンドラ往復を含む）
※最新情報はHP要確認

ドリンクも充実

ひと味違う、ミントレモンスカッシュ 550円

花テラスカフェは冬季休業。コーヒー 500円

ペチュニアと琵琶湖による美の共演！開花情報はHPをチェック

HAKODATEYAMA
BIWAKO SWING

1 広い園内はリフトで移動もできる。写っているのは第2ロマンスリフト 2 巨大ブランコだってフォトジェニック！

③ 神秘的な神社にお参り

白鬚神社を湖上から参拝
ほかではできない体験！

湖中に佇む大鳥居は高島エリアのシンボル

夕映えと大鳥居

室町時代、屏風絵に湖中の大鳥居が描かれた、歴史ある鳥居

GOODTIMES
グッドタイムス

インストラクターが同行するので、カヌー初心者でも大丈夫！延命長寿を願って、真摯な気持ちで参拝を。

🏠 滋賀県高島市鵜川1091
📞 080-4025-1588
🕘 9:00 〜、12:00 〜、14:30 〜
（各120分の3部制、要予約）
🔒 予約制（HP要確認）
💰 5500円+施設使用料500円

白鬚神社
しらひげじんじゃ

近江最古の大社で御祭神・猿田彦命は白髪・白鬚の姿と伝わる。大鳥居は境内地展望台から撮影を！

🏠 滋賀県高島市鵜川215
📞 0740-36-1555
🕘 9:00 〜 17:00（社務所）
🔒 無休
💰 参拝自由

大阪
京都
兵庫
滋賀
奈良
和歌山

サウナと温泉でととのい
あとはゆる〜くひと休み

大津（滋賀）

THEME
(43)

#おふろカフェ

全国7店舗あるおふろ café の中でも
びわこ座は、まるでひとつの町のよう。

〔スパ施設〕

大津温泉
おふろ café びわこ座
おおつおんせん おふろカフェ びわこざ

🏠 滋賀県大津市月輪1-9-18
📞 077-544-0525
🕐 10:00〜翌1:00
🔒 不定休
📍 JR瀬田駅から徒歩15分
🅿 180台
💴 715円
🔗 フリータイムプランもあり

男湯

| サ | 100℃ / 30人 | AUTO |
| 水 | 16℃ / 4人 | |

女湯

| サ | 90℃ / 10人 | AUTO |
| 水 | 18℃ / 4人 | |

共通

芯からポカポカ

開放感のある露天風呂。ミネラル豊富な泥パックができるスポット

PICK UP!

♨ 全国でも珍しいラドンを含む天然温泉。体の内側から若々しくいたい人にオススメ。

🍴 焼肉や定食などが楽しめる「淡海遊食」、カフェ＆バーの「茶茶」を館内に併設。

🧴 シャンプー類や石鹸、化粧水など各種アメニティ完備。基本的に手ぶらで利用できる。

🛏 フリータイムの利用は館内着、バスタオル、タオル付き。時間制利用の場合レンタル可。

大阪

京都

兵庫

滋賀

奈良

和歌山

自動ロウリュウサウナ。
11:00〜24:00の
毎時00分、20分、40分

瀬田西ICから車で10分、JR瀬田駅から無料シャト
ルバスでもアクセスできる複合温泉施設。おふろ
caféはカフェ感覚で気軽に温浴や食事などを楽しめ
るのが魅力の施設で、びわこ座では"東海道五十三
次の宿場町"をコンセプトとして現代の宿場町を連
想させる設備を整えている。地下1500mから汲み
上げるラドンを含む天然温泉を、露天風呂、内湯など
全浴槽に使用。広々としたサウナは男湯・女湯とも
に自動ロウリュウで、1時間に3回発動する。熱い
サウナストーンから発生する熱蒸気が、強力に発汗を
促してくれると評判！入浴後はくつろぎ処やおこも
りラウンジで思い思いにひと休みしたり、大衆演劇
「琵琶湖座」で人情芝居やショーを観たりと、まるで
本当に宿場町に来たような時間が過ごせそう。

（上）入浴後はおこもりラウンジで
くつろいでみては？（下）くつろ
ぎ処にはファイヤープレイスや自
由に読める雑誌・コミックがある

THEME
44

#スーパー銭湯

もはや温泉やサウナだけじゃないスーパー銭湯。グルメや休憩所も充実しているので、一日中過ごせそう。

近江牛に焼きたてパン！サ飯も充実の万能施設

（左）遠赤外線サウナ、高温サウナ（男湯）、ミストサウナ（女湯）を用意（上）露天風呂（下）レンタルルームで休憩も可能

スパ施設

北近江リゾート
きたおうみリゾート

- 🏠 滋賀県長浜市高月町唐川89
- 📞 0749-85-8888
- 🕐 24時間
- 🔒 無休
- 📍 北陸自動車道木之本ICから車で5分
- P 400台
- 💴 700円〜
- 🎫 1日利用できるプランも

男湯
| サ | 90℃ / 20人 |
| 水 | 16℃ / 2人 |

女湯
| サ | 80℃ / 8人 |
| 水 | 16℃ / 3人 |

共通

美肌の湯と呼ばれる天然温泉、食堂、ベーカリー、コワーキングスペースなど、設備充実。男女2つずつあるサウナや、地下水の水風呂、広々とした外気浴スペースも魅力。

2種のサウナと広々外気浴スペースでリフレッシュ

（左）アロマオイルを使用したロウリュサウナ（上）外気浴スペース（下）サウナ後は水風呂で肌を引き締めて

スパ施設

天然温泉ほたるの湯
てんねんおんせんほたるのゆ

- 🏠 滋賀県守山市吉身4-5-20
- 📞 077-514-0591
- 🕐 10:00〜翌0:00
- 🔒 無休
- 📍 JR守山駅から車で7分
- P 300台
- 💴 900円〜
- 🎫 レンタル浴衣あり

男湯
| サ | 90℃ / 18人 ほか |
| 水 | 16℃ / 6人 |

女湯
| サ | 90℃ / 18人 ほか |
| 水 | 16℃ / 6人 |

共通

ぬるぬる、しっとり感のある湯が評判の天然温泉。露天風呂やSIXPACK ELECTRIC JET BATHが人気で、サウナは蒸気塩サウナとロウリュサウナの2種。

大阪
京都
兵庫
滋賀
奈良
和歌山

温泉・サウナにひと工夫アリ！リピート必至の一軒

（左）明るい雰囲気のオートロウリュサウナ（上）露天風呂には信楽の壺・くりぬき湯が（下）ゆったり浸かれる冷水風呂

スパ施設

水口温泉 つばきの湯
みなぐちおんせん つばきのゆ

🏠 滋賀県甲賀市水口5572
📞 0748-65-1126
🕙 10:00～23:00
🔒 無休
📍 近江鉄道水口城南駅から徒歩5分
P 150台
¥ 770円～

男湯
サ 90℃／22人ほか AUTO
水 16℃／6人

女湯
サ 85℃／22人 AUTO
水 16℃／6人

共通

露天風呂の全国湯めぐり温泉では、月替わりで全国の名湯に浸かれる。露天風呂に肌に優しいナノミストサウナ、内風呂にオートロウリュサウナを備え、曜日・時間限定でアウフグースもアリ（男湯のみ）。

体のフルメンテが可能！サウナ以外も大満足

（左）入浴後は肌がスベスベになると評判の塩サウナ（上）遠赤外線タワーサウナ（下）ジェット噴流が魅力の内湯もチェック

スパ施設

極楽湯 彦根店
ごくらくゆ ひこねてん

🏠 滋賀県彦根市西沼波町175-1
📞 0749-26-2926
🕙 6:00～翌1:00
🔒 無休
📍 近江鉄道ひこね芹川駅から徒歩9分
P 250台
¥ 850円～

男湯
サ 90℃／20人
水 17℃／5人

女湯
サ 85℃／20人ほか
水 17℃／5人

共通

種類豊富な内湯、開放感ある露天風呂、3種のサウナを組み合わせて楽しめる。塩サウナでは汗をかいて開いた毛穴から塩成分が浸透し、老廃物をデトックス！サ飯は丼麺から定食、おつまみまで豊富。

101

サウナの後の
お腹を満たす

ととのいサ飯

サウナ後の空腹状態で食べる食事はサウナライフの楽しみのひとつ。
サウナで発汗して消費したエネルギーをおいしい食事で補給しよう。

肉汁あふれるジューシー餃子

ぎょうざ湯
夷川餃子なかじま
団栗店の
（→P.054）
餃子
330円
京都ポークを使った名
物餃子。野菜多めなの
で意外とあっさり。写
真は2人前

food

（名物グルメ）

アツアツのうちによくかきまぜて

なにわ健康ランド　湯〜トピアの
（→P.023）
ちりとり鍋
1400円

がっつりサ飯ならこれ

人気No.1メニュー。〆はうどん、ラ
ーメン、チーズリゾットから選べる

朝日温泉の
（→P.043）
鉄板豚キムチ
880円
キムチの酸味と豚肉の
旨みを卵でマイルド
に。ビールとの相性◎

朝日温泉の
（→P.043）
野菜炒め定食
880円
毎日仕入れる鶏モモ肉
を店で仕上げ。シーク
ヮーサーでさっぱりと

SAUNA COLUMN
Sauna gourmet

サウナ&スパ カプセルホテル 大東洋 の
（→P.020）
ちゃんぽん
780円
ボリューム満点の人気メニュー。濃いめのスープにもちもちの太麺が絡み合う

> ずっとある定番ニュー

> しびれる大人の辛さ

サウナと天然温泉 湯けむり天国 湯らっくす の
（→P.150）
四川風麻婆豆腐定食
1408円
ドラマ「サ道」にも登場。阿蘇の水で作った豆腐を使っている

> レモンが効く〜

二ノ丸温泉 の
（→P.114）
特製塩レモンラーメン
1200円
さっぱりとしたいときにおすすめ。温泉マークのなるとがオン

drink
（名物飲料）

神戸クアハウス の
（→P.075）
神戸ウォーターレモネード
360円
神戸ウォーターを使ったレモネード。サウナ後のビタミン補給に

神戸ウォーター六甲布引の水
150円（500ml）、300円（2ℓ）
館内でも使用しているミネラル豊富な六甲山系の天然水

> 凍ったジョッキでさらに冷たく

> 湯上がりに染みる〜

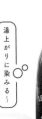

五香湯 の
（→P.060）
オロポ
350円
半セルフ方式で、ポカリの量を自分で調節

山添
（奈良）

THEME
45

#アウトドア

旧波多野村村長から受け継いだ山添村の集落頂上にある古民家を改築した、1日3室限定の宿泊施設。日帰りプランでもフィンランド式のアウトドアサウナが利用できる。暗さ、ストーブの高さ、天井の低さなど、計算し尽くされたサウナ室はすべてが理想的。真っ暗闇の中で心静かに自分と向き合った後は、新鮮な水風呂へ。外気浴スペースも見事で、サウナ小屋の屋上にあるととのい椅子に腰を下ろすと、目の前には里山の原風景が広がる。BGMは野鳥の鳴き声や木々の葉擦れの音。いつの間にか自分が自然の一部になっていることに気づくはず。客室はすべて一棟貸し。ディナーもモーニングも地産地消の和食を用意している。

（上）限界まで汗をかいたところで、サウナ室の目の前にある水風呂へ（下）サウナドリンクは山添村名産の大和茶を

里山と雲海を見晴らし
肉体の感覚を研ぎ澄ます

(ホテル)

ume,yamazoe/
ume,sauna
ウメヤマゾエ／ウメサウナ

ロウリュには山添村の名産・大和茶を使用している

🏠 奈良県山辺郡山添村片平452
📞 0743-89-1875
🕐 9:00〜18:00
🔒 不定休
📍 名阪国道山添ICから車で10分
🅿 5台
💴 9800円（日帰り利用の場合）
👙 水着着用必須

自然と一体化できる極上のアウトドアサウナ、奈良にあり。

男女共通

サ 70-80℃ ／ 8人
水 日により異なる ／ 2人

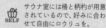

PICK UP!

水 外気によって温度が異なる水風呂は、利用時間の直前に貯めるので新鮮。

SELF サウナ室には桶と柄杓が用意されているので、好みに合わせて自由にロウリュを。

👨‍🍳 日帰りプランにはお肉や野菜などBBQセットの貸出が含まれている。

🪑 サウナ室の前にもととのい椅子あり。ハンモックでくつろぐのも吉。

癒される〜

日帰りプランはサウナ2時間30分の利用とBBQがセットになっている

大阪

京都

兵庫

滋賀

奈良

和歌山

空に浮かぶような"雲海外気浴"が楽しめると評判

105

（上）ビジュアルもひんやりなスノーサウナ（女性エリアのみ）
（下）内風呂にある、ととのいスペース

天理（奈良）

THEME
(46)

#のんびりサウナステイ

奈良健康ランドは、天然温泉やサウナをはじめ施設が充実！宿泊すると大浴場は無料。

大浴場・サウナから屋内レジャープール、屋内テーマパーク、宿泊施設（奈良プラザホテル）まで、リフレッシュできる設備が目白押しのスポット。男女各大浴場にあるサウナ・岩盤浴エリアは、温度・湿度・デザインのバラエティが豊か！定番のロウリュサウナやアクアストリームをはじめ、2種類の水風呂やととのいスペースも充実している。10種の風呂・露天風呂がある大浴場でのんびりお湯に浸かったり、多彩なレストランや全280席のリクライニングチェアが並ぶレストルームでひと息ついたりと、一日かけて体のメンテナンスをしてみてはいかが？サウナファンは月数回の「サウナの日」のイベントを目指して。

サウナ・岩盤浴もレジャーも叶う
奈良の健康スポットといえばココ

ホテル

天然大和温泉
奈良健康ランド
奈良プラザホテル

てんねんやまとおんせん ならけんこうランド ならプラザホテル

🏠 奈良県天理市嘉幡町600-1
📞 0743-64-1126
🕐 24時間
🔒 無休
🚗 西名阪自動車道
　　郡山ICから車で5分
🅿 800台
💰 2200円
🎫 有料サウナエリアは別途料金

水風呂2種による「冷冷交代浴」ができる

男湯

サ	90℃／20人ほか	SELF
水	16℃／20人ほか	

女湯

サ	90℃／20人ほか	SELF
水	16℃／20人ほか	

共通

🍴 🏠 🍜

PICK UP!

🧖 サウナ・岩盤浴エリアは終日何度でも利用可能。ロウリュウサウナはセルフロウリュ式。

🛁 バスタオル、フェイスタオル、館内着などが用意され、基本的に手ぶらで利用できる。

💧 大浴場にナノ水風呂、常温ナノ水風呂を用意。水風呂のほか館内すべてでナノ水を使用。

🍴 ファミリーレストラン、炭火焼肉店、角ハイボール麺酒場など種類豊富。宴会場もアリ。

ロウリュウサウナでは毎週ゲスト熱波師によるイベント・ナラ熱波を開催

大阪

京都

兵庫

滋賀

奈良

和歌山

天然温泉の露天風呂でくつろごう。頭上に遮るものがないオープンな造り

THEME
47

#ホテルサウナ

本場フィンランドの空気が漂う
ラグジュアリーサウナ

男女入替日をチェック

定員48名の広々とした男湯のフィンランド式サウナ。週替わりのアロマ水をかけるロウリュが人気

ホテル内の日帰り利用可能なスパやサウナは穴場的存在。サービス充実で安心して使える！

平城宮跡近くにあり、サウナ付きの大浴場は日帰り利用OK。平城宮跡の一角から湧く天然温泉・天平の湯は、肌がスベスベになると評判。2022年夏にリニューアルしたフィンランド式サウナ（月2〜3日男女月替わり）には、本場のサウナブランドストーブが導入され、スタッフ手動のロウリュが楽しめる。ドライサウナもあり。

ホテル

奈良ロイヤルホテル
ラ・ロイヤル・スパ＆サウナ
ならロイヤルホテル ラ・ロイヤル・スパ＆サウナ

- 🏠 奈良県奈良市法華寺町254-1
- 📞 0742-34-4310
- 🕐 13:00〜23:00
- 無休
- 🚃 近鉄新大宮駅から徒歩10分
- Ⓟ 230台
- 💰 980円
- ♨ 岩盤浴は別途料金

男湯
| サ | 90℃ / 48人 |
| 水 | 18℃ / 2人 |

女湯
| サ | 100℃ / 10人 |
| 水 | 18℃ / 2人 |

共通

（上）遠赤外線型のドライサウナ（女湯）。水風呂は地下水（下）女湯の大浴場の窓の外には庭園が広がる。古い角質が落ち、肌がなめらかに

朝焼けも夜景も見える 最上階の贅沢感

男湯のドライサウナ。日帰り利用は6:00〜11:00、15:00〜23:00で、時間帯によって雰囲気が変わる

大阪

京都

兵庫

滋賀

奈良

和歌山

スタイリッシュな雰囲気のホテル。最上階のスカイスパは日帰り利用可能で、広々とした内風呂、橿原のシンボル・大和三山を望める露天風呂を用意。男湯にはドライサウナと水風呂、女湯には細かい霧を充満させるミストサウナがあり、どちらも非日常な空間だと話題を呼んでいる。入浴後は、湯上り処で橿原市街の景色を楽しんで。

宿泊してとことんサ活も

(上)スカイスパの露天風呂。『万葉集』にも詠まれた大和三山が見える (下)客室の一例、ザ カンデオスイート。窓が大きい造り

(ホテル)

カンデオホテルズ奈良橿原

カンデオホテルズならかしはら

🏠 奈良県橿原市内膳町1-1-50
📞 0744-21-8700
🕐 24時間
🔒 無休
🚃 近鉄大和八木駅から徒歩3分
🅿 なし
💴 1泊素泊まり8800円〜
🧴 アメニティも充実

男湯
| サ | 90℃ / 8人 |
| 水 | 17℃ / 2人 |

女湯
| サ | 45℃ / 7人 |
| 水 | − / − |

共通

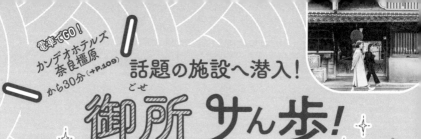

電車でGO！
カンデオホテルズ
奈良橿原（→P.108）
から30分

話題の施設へ潜入！
御所サん歩！

江戸時代の町並みが残る「御所まち」。
美しい景観を生かしたリノベ施設があちこちに。

① リノベされた町の銭湯へ

ノスタルジアと新しさが共存する癒しの湯

御所まち唯一の銭湯で、タイル貼りの浴槽は創業当時のまま。お湯の温度は43℃と41℃

地域の憩いの場

御所宝湯
ごせたからゆ

一度廃業に追い込まれたが、不死鳥のごとく復活！「GOSE SENTO HOTEL」プロジェクトの一環でP111の3軒も同時にリノベ。

🏠 奈良県御所市御国通り2-361-5
📞 なし
🕐 14:00 ～ 22:00（土・日曜、祝日11:00 ～）
🔒 第2・4水曜
💴 440円（サウナ+360円）

サウナ利用者限定で、露天水風呂も入浴可

御所市で生まれた皆様石鹸。1個330円

オリジナルTシャツや手ぬぐいも販売する

サウナもある！

1 レトロ感をうまく演出。古材を再利用した脱衣所の入口
2 セルフロウリュ可能なフィンランド式サウナは新規設営

地元特産食材の料理で
ちょっと贅沢なサ飯

② 湯上がりはローカル・ガストロノミーを

洋食屋ケムリ
ようしょくやケムリ

銭湯でホッコリしたら、御所の代表食材の葛や鴨、地元農家から仕入れた野菜を生かした料理を味わいたい。

🏠 奈良県御所市西柏町1296
📞 050-3196-4077
🕐 11:30 〜 15:00 (LO14:00)、
17:30 〜 21:30 (LO20:00)
🔒 火・水曜

ランチセットのビーフ
シチューは3200円

ディナーコースの一例
(全9品)7700円〜

盛りだくさん！

大阪

京都

兵庫

滋賀

古い板塀、板壁も素敵！玄関の「万年筆本舗」の文字もレトロ

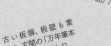

自転車屋さんだった頃の面影が残る外観

③ のんびりホテルステイ

元万年筆店だった古民家が
居心地のよいくつろぎの空間に

自転車屋の雰囲気が懐かしい
昭和レトロなホステル

客室・ロードデンドロンの内観。葛城山を望むスイートルーム

万年筆を使って

サドル(写真の部屋)、ベルなど自転車のパーツが4室の客室名に

奈良

RITA 御所まち
リタごせまち

万年筆本舗だった古民家を改装したホテル。趣の異なる客室が4室。御所宝湯でお風呂、洋食屋ケムリで食事を。

🏠 奈良県御所市西柏町1069
📞 0745-49-0823
🕐 IN15:00 〜 18:00 ／ OUT11:00
💰 1泊1名朝食付き1万9250円〜
(大人2名利用時)

宿チャリンコ
やどチャリンコ

愛車を部屋に持ち込める、自転車愛好家が喜ぶ宿。お風呂と食事はRITA御所まち同様。レンタサイクル可。

🏠 奈良県御所市鴨口町1087
📞 0745-49-0842
🕐 IN15:00 〜 18:00 ／ OUT10:00
💰 1泊1名朝食付き1万1550円〜
(大人2名利用時)

和歌山

111

絶景スパとおもてなしで
王様ステイを体験

贅沢そのもの

白浜町（和歌山）

THEME
48

#ロイヤルスパ

飛鳥時代から人々に愛される白浜温泉。憧れリゾートで一生の思い出に残るととのい体験はいかが？

（ホテル）

ホテル川久
ホテルかわきゅう

🏠 和歌山県西牟婁郡白浜町3745
📞 0739-42-3322
🕐 13:00〜23:30（最終入場20:00）
🔒 不定休
📍 阪和道田辺ICから車で30分
🅿 70台
💴 2000円
　+ホテル入館料1000円

男女共通
| サ | 100℃ / 8人 |
| 水 | 15℃ / 4人 |

1階の悠久の森 露天風呂エリアに新設されたバレルサウナ

PICK UP!

サ 温泉サロン ROYAL SPA、悠久の森 露天風呂併設のバレルサウナの3カ所。

温泉サロン ROYAL SPAには完全個室のシャワーブースを用意。レインシャワーあり。

外気浴スペースにあるととのい椅子からの眺めが最高と話題。海が見えるスポットも。

♨ ホテル内のレストランでは、朝・夜豪華な「王様のビュッフェ」を開催。ラウンジもある。

温泉サロン ROYAL SPAの半露天風呂。目の前に田辺湾が広がる贅沢なロケーション

全室スイートのヨーロッパ調ホテルで、南紀白浜温泉の憧れスポットとして知られる。建物やサービスは白浜リゾート最高峰ともいわれ、館内2階に設けられた温泉サロンROYAL SPA、1階の悠久の森 露天風呂も高級感あふれる造り。温泉サロン ROYAL SPAの大浴場はオーシャンビューで、暖炉の炎を見ながら過ごせる邸宅リビングスパやシルキーバス、セルフロウリュ式のサウナなどを併設。悠久の森 露天風呂は名前のとおり木のぬくもりに包まれるような施設で、高野槙を使った幻想的な内風呂も隣接している。2022年、露天風呂エリアに北欧・エストニア製のバレルサウナを新設！熱循環に優れた樽型の空間で、ホテル川久オリジナルアロマ水を使ったセルフロウリュを楽しんでみて。

（上）悠久の森 露天風呂。無色透明の白浜温泉にゆっくり浸かろう
（下）温泉サロン ROYAL SPAの邸宅リビングスパ

温泉仕様です

ココにしかない温泉メシ！
食欲も満たされる別天地

ストライク軒二ノ丸温泉店限定の特製二ノ丸BLACKラーメン1300円。地元湯浅の醤油などを使用

山あいの雰囲気が魅力の施設。山田川に面する開放感たっぷりの露天風呂や内風呂は、ぬめり気のあるアルカリ性単純泉。美肌の湯として親しまれ、入浴後は肌がスベスベに！館内には、大阪の人気店・ストライク軒の支店があり、地元和歌山の食材、ミネラル水を使った限定ラーメンをいただこう。

温泉やサウナでさっぱりしたら、おいしいグルメを楽しみたい。大阪のあの名店が和歌山に！

（上）広い内風呂は檜製。サウナと水風呂も併設（下）湯上り処には卓球台。近年施設全体がリニューアルし、オシャレな雰囲気に

（サウナ）

二ノ丸温泉
にのまるおんせん

🏠 和歌山県有田郡湯浅町
　山田1638-1
📞 0737-64-1826
🕐 10:00 〜 21:30
　（土・日曜、祝日8:00 〜）
🔒 木曜（祝日の場合は営業）
📍 湯浅御坊道路湯浅ICから
　車で10分
Ｐ 30台
💰 1300円
🏠 完全予約制のサウナ小屋あり

男湯
サ	96℃	13人
水	15℃	3人

女湯
サ	90℃	7人
水	15℃	3人

共通
Ψ4

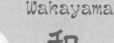

和歌山
（和歌山）

大阪

京都

兵庫

滋賀

奈良

和歌山

THEME
50

#レトロポップ

懐かしいのに新しい！
番台や券売機にキュン

心もほっこり

清潔感があり明るい雰囲気の適温主浴槽。サウナと天然地下水かけ流しの水風呂のファンも多い

古き良き時代の銭湯を大切に、かつ若者にも親しみやすい形で伝えるレトロポップな一軒。ちょうどいい湯加減の主浴槽のほか、毎週入浴剤が変わるぬる湯、超強力ジェット風呂、サウナなど、普段使いにぴったりの設備が揃う。番台や靴箱、タイルなどのディテールにも味があり、レトロ好きの心を鷲掴みに。

地元で愛されてきた銭湯が近年リニューアル。ノスタルジックな雰囲気の中に新しさが漂う。

（銭湯）

幸福湯
こうふくゆ

🏠 和歌山県和歌山市
　 北休賀町31
📞 073-433-4526
🕐 11:00 ～ 23:30
　 （土曜15:30 ～）
🚪 水曜
📍 JR和歌山駅から徒歩15分
🅿 18台
💴 440円
♨ 変わりネタ風呂あり

男湯

サ	100℃／4人
水	20℃／4人

女湯

サ	88℃／4人
水	20℃／4人

共通

入浴券
販売機

（上）昔ながらの券売機（故障中）
（下）週末21:00 ～は照明を減らしてお香を焚く「リラックスタイム」のイベントを開催

車でGO!
幸福湯
から25分（→P.115）

紀州漆器の里 海南サん歩！

日本四大漆器の紀州漆器は、海南の黒江を
中心に生産。情緒豊かな古い町を訪ねてみよう。

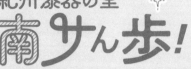
漆器の産地として有名
な黒江は、連子格子（れ
んじこうし）の家が連
なるように立つ

① お気に入りの漆器を探しに

伝統の黒江塗漆器は
使うほどに愛着が

落ち着く町並み

池庄漆器店
いけしょうしっきてん

140年以上の歴史がある漆器店。黒
江塗と呼ばれる紀州漆器のほか、全
国各地の優れた工芸品を取り扱う。

🏠 和歌山県海南市黒江692
📞 073-482-0125
🕘 9:00〜17:00
🔒 日曜、祝日

築220年の店舗は、登
録有形文化財。店内に
は、こだわり抜かれた
名品が並ぶ

どれにしよう…

上は黒江のみかん盃75
00円。5色ある乾杯カ
ップは各2400円

② 話題の リノベカフェへ

旧漆精製工場の
古色を帯びた店内も素敵!

そうげん堂
そうげんどう

地場産野菜を使う月替わりランチが好評な、登録有形文化財の建物にあるカフェ。

ここも文化財!

🏠 和歌山県海南市船尾166
📞 070-1795-0855
🕙 10:00〜17:00 (LO16:30)
🔒 日〜火曜

自家製ジャムと生クリームが付くプレーンスコーンセットはドリンク代＋330円

旧田島漆工場。コンクリートの土間にアンティーク家具がマッチ

大阪
京都

農協の施設をリノベした
地元を盛り上げるカフェ

KAMOGO
カモゴ

地域の農産業や地元の人々の応援になればと、みんなが頑張る姿勢がカッコいい!

🏠 和歌山県海南市
　　下津町方372-1
📞 073-488-6925
🕙 10:00〜18:00
🔒 火・水曜

通年メニュー

新鮮!地元産のしらす丼800円

兵庫

季節限定の生搾り
蜜柑ジュース600円

滋賀

③ 学問の神社で 和歌山を眺める

凛と立つ本殿

参道階段の上にある楼門からは、和歌浦の町や海が望める

奈良

海と山、和歌浦の町を見守る
静かな古社

和歌浦天満宮
わかうらてんまんぐう

菅原道真を学問の神として祀る古社。福岡の太宰府天満宮、京都の北野天満宮と並ぶ、日本三菅廟のひとつ。

🏠 和歌山県和歌山市和歌浦西
　　2-1-24
📞 073-444-4769
🕙 9:00〜17:00 (変動あり)
🔒 無休　⛩参拝自由

和
歌
山

白浜町（和歌山）・かつらぎ町（和歌山）

THEME 51

#露天風呂

これぞ白浜オーシャンビュー

（左）紀州備長炭風呂からは太平洋が（上）岩盤浴エリアのロウリュ可能なサウナ（下）岩盤浴・塩

スパ施設

とれとれの湯
とれとれのゆ

- 🏠 和歌山県西牟婁郡白浜町堅田2508
- 📞 0739-42-1126
- 🕐 9:00 〜 23:00
- 🔒 無休
- 📍 阪和自動車道南紀田辺ICから車で19分
- Ｐ 100台
- ¥ 850円
- 爽汗房+900円、小学生以下利用不可

男湯
| サ 86℃ / 20人 |
| 水 18℃ / 5人 |

女湯
| サ 86℃ / 20人 |
| 水 18℃ / 5人 |

共通

白浜町のリゾート施設・とれとれパーク内。白浜温泉を使用した岩風呂や、備長炭を使用した紀州備長炭風呂など開放感ある露天風呂が人気。内湯も充実。

高野山の麓のすがすがしい空気に浸る

（左）頭上に遮るものがない露天風呂（上）高温のドライサウナ（下）天井が高くシックな色調の大浴場

旅館

かつらぎ温泉 八風の湯
かつらぎおんせん はっぷうのゆ

- 🏠 和歌山県伊都郡かつらぎ町佐野702
- 📞 0736-23-1126
- 🕐 10:00 〜 22:00
- 🔒 無休
- 📍 JR笠田駅から徒歩5分
- Ｐ 120台
- ¥ 1300円〜
- 日帰り貸切プランあり

男湯
| サ 89℃ / 25人 |
| 水 19℃ / 2人 |

女湯
| サ 87℃ / 16人 |
| 水 19℃ / 2人 |

共通

日帰り・宿泊両方可能、源泉かけ流しの温泉施設。露天風呂はねころび湯や一人つぼ湯を併設した広々空間。ドライサウナのほかモンゴルサウナもある。

自然に囲まれた露天風呂でほっこり。景色、空気、鳥や虫の鳴き声、すべてを感じて。

ZENKOKU
sauna tabi

全国
サ旅

出張やプライベート旅行でサ活を楽しみたい♪
バラエティに富んだ全国のサウナを一挙紹介！

#流氷

一生に一度は体験したい！流氷×サウナの激レアコラボ

きたこぶししれとこ ホテル&リゾート

北こぶし知床 ホテル&リゾート
北海道斜里郡斜里町

ウトロ温泉バスターミナルから徒歩5分、知床半島のリゾートホテル。多くのサウナファンが一度は行きたいと願うのが、オホーツク海に面したキタコブシサウナ。流氷をイメージしたKAKUUNA（カクウナ）と木の洞窟をイメージしたUNEUNA（ウネウナ）の2種があり、どちらも世界遺産・知床の山並みやオホーツク海の風景を眺められる。一年を通して大自然を体感できるが、可能であれば流氷が到来する2月頃に訪れたいもの。大浴場はもちろん、足湯がある流氷テラスも併せて利用してみて。

デザイン性の高いKAKUUNA。HARVIA社のストーブを使用し、オートロウリュを実施。水深90cmの水風呂や外気浴スペースにもファン多数

（ホテル）

⌂ 北海道斜里郡斜里町ウトロ東172
☎ 0152-24-2021
🕙 IN10:00 ／ OUT15:00
🚪 不定休
📍 ウトロ温泉バスターミナルから徒歩5分
Ｐ 120台
🛁 要問い合わせ
♨ サウナは男女入れ替え制

男女(入れ替え制)

| サ | 90℃／10人 |
| 水 | 16℃／2人 |

共通

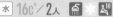

最上階にある展望大浴場の大海原。冬場は目の前が真っ白に！

PICK UP!

 サウナにテレビはナシ。小さく流れる知床の環境音に耳を澄まし、窓の外を眺めよう。

15分に一度の頻度。サウナストーンは地下30km以下のマグマから生成されたもの。

展望大浴場には露天スペース・汐音を併設している。

 2023年春にフリーオーダースタイルのthe LIFE TABLEがリニューアルオープン予定。

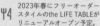

体はアツくて目はひんやり
流氷ビューサウナへ

2月が狙い目

（上）海がすぐそばに見える流氷テラス（下）3D加工で木材を削り出したというサウナ・UNEUNA

#土の中へ

SAUNACHELIN2022でも入賞した話題のサウナ

ザ ハイブ

The Hive

富山県中新川郡立山町

2022年6月、"自然への没入の誘い−覚醒を促すステイ・デザイン"をテーマにオープンしたサウナホテル。まるで地中に埋まっているかのような感覚を味わえる唯一無二なデザインが話題を集めている。サウナには、ミツバチの巣(英語でHive)をモチーフとした六角形の構造を採用。建物の半分が土の中に埋まっていることで、土や水、空気など、自然と一体化できるのが魅力のサウナ室は、高温サウナ「IRORI」と寝そべりサウナ「ENGAWA」の2つ。水風呂からは広大な立山連峰も眺めることができる。

一棟貸切タイプのホテル。プライベート感たっぷりの客室には、キッチン、ダイニング、ベッドルームに加え、サウナ室が2部屋備わっている

(ホテル)

⌂ 富山県中新川郡立山町日中上野18
📞 070-8813-6905
🕐 IN16:00 ／ OUT10:00
🔒 無休
📍 北陸自動車道立山ICから車で10分
P 40台
🕐 1泊1名4万円〜
◎ 日帰り貸切プランもあり

男女通共

| サ | 90℃ ／ 6人ほか |

| 水 | 15-16℃ ／ 6人 |

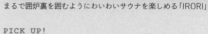

まるで囲炉裏を囲むようにわいわいサウナを楽しめる「IRORI」

PICK UP!

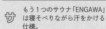

サ もう1つのサウナ「ENGAWA」は寝そべりながら汗をかける仕様。

水 立山連峰を望むインフィニティ井戸水風呂は泳げそうなくらい広い。

SELF 富山のアロマブランド「Taroma」を使ったアロマウォーターでセルフロウリュ。

🚿 木製のインフィニティチェアを用意している。水風呂からの動線もばっちり。

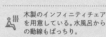

五感を研ぎ澄ませ
究極のサウナ体験

贅沢な時間

北海道　東北　関東　北陸・甲信越　東海　中国・四国　九州・沖縄

（上）外気浴スペースの目の前にはハーブ圏が広がる（下）広々としたダイニング　**123**

#TTNEプロデュース

サウナー専門ブランド「TTNE」が手掛ける本格サウナが増加中！

スパメッツァ おおたか りゅうせんじのゆ

スパメッツァ おおたか 竜泉寺の湯
千葉県流山市

早朝から深夜まで利用できる注目の施設。大浴場、岩盤浴ラウンジ、レストランなどを備え、サウナはブームを牽引してきたTTNEのととのえ親方がプロデュース。男湯・女湯各3種あるサウナのうち、まずチャレンジしたいのがドラゴンサウナ！ズラッと並ぶHARVIA社のストーブ5台が10分おきにオートロウリュをスタート。毎時00分には一斉に開始する大胆な仕掛け「ドラゴンロウリュ」も。水温や深さが異なる3種の水風呂や、日本最大級のととのいスペースで大満足間違いなし。

内湯、露天合わせて15種類。天然温泉や、夜にライトアップされる露天炭酸泉などにゆっくり浸かろう。サウナと併せて滞在中何度でも利用可

スパ施設

- ⌂ 千葉県流山市おおたかの森西1-15-1
- ☎ 04-7178-3726
- ⊕ 6:00〜翌2:00
- 🔒 無休
- ⚲ 各線流山おおたかの森駅から徒歩2分
- P 430台
- ¥ 1100円（土・日曜、祝日1280円〜）
- ⊘ 9時までの入館で朝割あり

男湯

| サ | 85℃／36人ほか | AUTO SELF |
| 水 | 16℃／8人ほか | |

女湯

| サ | 85℃／36人ほか | AUTO SELF |
| 水 | 16℃／8人ほか | |

共通

露天エリアのmedi saunaはセルフロウリュ方式。メディテーション（瞑想）感覚で利用してみて

PICK UP！

サ 注目のドラゴンサウナ、潤いソルトサウナ（ミストサウナ）、medi saunaの3種が揃う。

水 立って入れる深水風呂、広々とした森の冷水風呂、水温一桁台のメッツァ冷水風呂（男湯）。

♨ ととのいベッドがズラリ。ベッドとベッドの間には洗い流し専門のシャワーを用意。

サ飯 サ飯は湯あがりキッチン一休で。オロポやソフトクリームを販売するドリンクコーナーも。

サウナ愛と挑戦が詰まった
極上ととのい体験

（上）日本初のチャレンジのドラゴンサウナ（下）「ドラゴンロウリュ」は圧巻！背面の銅板もユニーク

KEY WORD
003
PRODUCED BY TTNE

(左)庭に面した鬼サウナ(上)
外気浴はウッドデッキで
(下)露天の羽釜風呂

いわいのやど のぼりべつグランドホテル
祝いの宿 登別グランドホテル
北海道登別市

（ホテル）

🏠 北海道登別市登別温泉町
　154
📞 0143-84-2101
🕘 9:00 ～ 18:00
🈺 無休
📍 道央自動車道登別東IC
　から車で12分
Ｐ 100台
💴 2000円

男女（入れ替え制）

サ 110℃／14人ほか
水 5-16℃／4人ほか

AUTO

共通

館内に竜胆の湯、鬼灯の湯があり
（男女日替わり制）、2022年夏に鬼
灯の湯の庭園露天風呂に鬼サウナが
完成した。登別のシンボルである鬼
をモチーフにしたデザインや、110
℃の高温設定が話題！毎時00分に
オートロウリュを実施。

薬草の香りが漂う茶室イメージ空間

(左)男湯の薬草サウナ(上)レトロモダン
な女湯(下)地域の人々の憩いの場

ほったゆ
堀田湯
東京都足立区

（銭湯）

🏠 東京都足立区関原3-20-14
📞 03-3852-4126
🕘 14:00 ～ 24:00
　（土・日曜、祝日8:00 ～）
🈺 無休　📍 東武鉄道西新井駅
　から徒歩7分
Ｐ 7台　💴 500円 ※サウナは
　男+400円、女+300円

男湯

サ 83℃／14人 AUTO SELF
水 16℃／6人

女湯

サ 110℃／6人 SELF
水 17℃／4人

共通

西新井で80年以上愛される施設が
2022年春にリニューアル。昔なが
らのタイル絵などはそのままに、男湯
にオートロウリュ式の薬草サウナが
誕生した。シックな造りのサウナ室
で薬草の香りを吸い込んだ後は、露
天の水風呂で体を引き締めて。

繁華街すすきので静かに瞑想

ホテル・アンドルームスさっぽろすすきの

ホテル・アンドルームス札幌すすきの

北海道札幌市

（左）＆SAUNA（上）外気浴
スペース（下）共用、貸切サウ
ナともにセルフロウリュ可

ホテル

🏠 北海道札幌市中央区南七条
西1-1-9
📞 011-520-7111
🕐 6:00 〜 10:00、15:00 〜
翌2:00　🏠無休
📍 札幌市営地下鉄豊水すすき
の駅から徒歩2分　P6台
🕐 1泊素泊まり5200円〜
⊘ 宿泊者限定

男湯
| サ | 90℃／8人 |
| 水 | −／− |

女湯
| サ | 90℃／5人 |
| 水 | −／− |

共通

2022年夏オープンのホテル。館内
の＆SAUNAは、静かな空間にロゥ
リュの音が響き渡る宿泊者専用サゥ
ナ。外気浴と組み合わせて利用する
ことで、自分を見つめ直すための時
間が過ごせそう。プラス料金で利用
可能な貸切個室サウナもある。

ヒーリングサウンドと青の照明で別世界へ…

ホテル・アンドルームスなはポート

ホテル・アンドルームス那覇ポート

沖縄県那覇市

（左）海底を思わせる＆SAU
NA（上）ルーフトッププール
（下）無料のドリンクバー

ホテル

🏠 沖縄県那覇市西2-23-1
📞 098-861-8111
🕐 9:00 〜 23:00
🏠 無休　📍 ゆいレール旭橋
駅から徒歩10分
P 52台　🕐 1泊素泊まり67
50円〜（サウナ＋1500円）
⊘ 宿泊者限定

男女共通
| サ | 80℃／12人 |
| 水 | 16℃／2人 |
（4〜10月）

1泊のストーリーを充実させる「＆」
があるホテル。屋上の＆SAUNAは
青い照明に包まれていて、座るとま
るで海底に潜っていくような気分
に。さんぴん茶セルフロウリュが可
能な貸切個室サウナも2室（別料
金）。

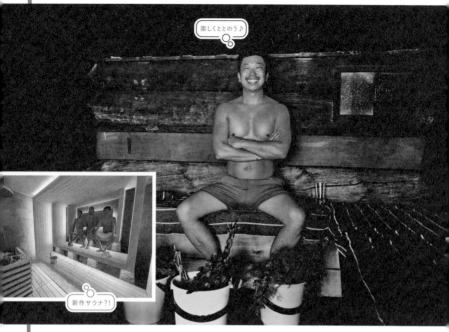

楽しくととのう♪

新作サウナ?!

サウナブームの立役者
ととのえ親方のサウナ学

昨今のサウナブームを語るうえで欠かせないのが、"ととのえ親方"
こと松尾大さん。彼が語る「サウナの今」に注目！。

サウナを若者のカルチャーに
リブランディング

編集T（以下編）：ずばりどのようにこの
サウナブームを仕掛けたのでしょうか。
ととのえ親方（以下と）：ブームのきっか
けを作ったのは、間違いなく『マンガ サ
道』を描いたタナカカツキさんですね。
彼の漫画によって50〜60代の昔から
銭湯に通っていたおじさん層に広まった。
そこにYouTuberなど若い層に影響の
ある人を結びつけてサウナを"リブラン
ディング"していったというのが僕らな

んです。それまでは古臭いイメージのあ
ったサウナが、今では最も"イケてる"コ
ンテンツとして認知されているのはうれ
しいですよね。

関西独自の温冷交代浴文化

編：関西と関東で入浴文化に違いはある
のでしょうか。
と：関東はサウナ＋水風呂というのが基
本ですが、そもそも関西は温度差のある
お湯と水に交互に浸かる温冷交代浴の方

が根強い人気ですよね。でも、これから
どんどんサウナ専用施設も増えていくと
思いますよ。

スタンダード＆エンタメ要素の
あるサウナが強い

編：今人気のサウナはどんな特徴がある
のでしょうか。

と：やはり根強い人気は奇をてらってい
ないスタンダードなサウナですね。昔な
がらのドライサウナのみだった施設も、
新たにロウリュの設備を導入することに
よって、息を吹き返している。あとは、僕
もプロデュースする際に意識している
"エンタメ性""アミューズメント性"の
あるサウナ。サウナ室にすてきなデザイ
ンだったり、楽しさだったりを求めるよ
うにしています。最近プロデュースした
ものでいうと、サウナ室に5台のスト
ーブが並んでいる「スパメッツァ おおたか
竜泉寺の湯（→P.124）」や、サウナ室に
いながら野球観戦ができる「北海道ボー
ルパーク」（2023年3月開業予定）など。
プロデュースするときはとにかくワクワ
クするようなサウナを造るようにしてい
ます。常に30〜40件くらいのプロジェ
クトが動いていて、最も先だと8年後に
オープンする施設もあるんですよ。

昔から続く老舗サウナへぜひ

編：最後にととのえ親方が読者におすす
めしたい関西のサウナを教えてください。
と：京都某所にすごいサウナを造ったの
でぜひそこは行ってほしいですね（場所
等はまだ非公開）。京都の「ぎょうざ湯
夷川餃子なかじま 団栗店（→P.054）」
なんかもおもしろいかと。あとは、神戸
の「神戸サウナ＆スパ（→P.072）」はサ
ウナ業界の人間からしてもやっぱりすご
い。この神戸サウナなくして、日本のサ
ウナの歴史は語れないですね。

SAUNACHELIN
2022

TTNEが主催する毎年11月11日の"ととのえ
の日"に発表する"今行くべき全国のサウナ"。
さまざまな業界のプロサウナーが審査委員とな
り、厳正な選考により11施設が選ばれる。

1. スパメッツァ おおたか
   竜泉寺の湯（千葉県流山市）
   （→P.124）

2. Thermal Climb Studio Fuji
   （静岡県裾野市）

3. The Sauna（長野県上水内郡信濃町）
   （→P.142）

4. 北こぶし知床 ホテル＆リゾート
   （北海道斜里郡斜里町）
   （→P.120）

5. 8HOTEL SHONAN FUJISAWA
   （神奈川県藤沢市）
   （→P.152）

6. 神戸サウナ＆スパ（兵庫県神戸市中央区）
   （→P.072）

7. SANAMANE〔SAZAE〕
   （香川県香川郡直島町）

8. SAUNALAND ASAKUSA
   -サウナランド浅草-（東京都台東区）

9. sankara hotel&spa 屋久島
   （鹿児島県熊毛郡屋久島町）

10. The Hive（富山県中新川郡立山町）
    （→P.122）

11. お風呂とサウナ PARADISE
    （東京都港区）

#ビューティー

じっくりと滞在して、美に磨きをかけたい充実の施設

御船山楽園ホテル らかんの湯
みふねやまらくえんホテル らかんのゆ
佐賀県武雄市

歴史ある広大な庭園を持つホテルが2019年7月に全面リニューアルした大浴場。御船山の景色を堪能できる露天風呂、内湯、サウナ、温泉水を使った水風呂、外気浴スペースなどを備える充実の施設で、「サウナシュラン」2019年〜2021年にはグランプリを受賞している。2021年10月には薪サウナを新設。薪は地元の間伐材、サウナストーンは御船山の石、ロウリュには温泉水というから唯一無二！抑えた照明のサウナ室からガラス窓の外に御船山の森林が見えるという造りもヒーリング効果抜群だ。

2021年にリニューアルしたホテル本館にはセルフロウリュができるサウナ付き客室も（1泊2食2万9800円〜）。庭園の緑を望む大きな窓が圧倒的な存在感

ホテル

⌂ 佐賀県武雄市武雄町武雄4100
☎ 0954-23-3131
🕐 8:30〜11:00、15:00〜17:30、17:30〜20:00、19:30〜22:00、21:30〜24:00（5部制）
🔓 無休　♨ JR武雄温泉駅から車で10分
Ｐ 50台
¥ 4800円

男湯

| サ | 85℃／10人 | 🎩SELF |
| 水 | 16℃／− | |

女湯

| サ | 75℃／10人 | 🎩SELF |
| 水 | 17℃／− | |

共通

🍴 🍵 🧖

タイル張りの女性水風呂。武雄温泉の湯を17℃に冷却して使用

PICK UP!

サ 薪サウナには日本最大級の巨大な薪ストーブを備え、3万tのサウナストーンを用意。

水 開湯1300年を超える武雄温泉。美肌に効果があるという湯を冷やして使っている。

SELF 男性ドライサウナにはセルフロウリュ用に焙煎・抽出した嬉野産ほうじ茶が備わる。

🍴 自家製プリンが味わえる女性用喫茶室も。2021年11月には男性用喫茶室もオープン。

御船山の庭園を眺めながら
極上サウナと武雄温泉を満喫

（上）サウナストーブからクーゲル（アロマ氷）が香る女性ドライサウナ（下）新設の薪サウナ

#瀬戸内海

瀬戸内海ビューが楽しめるアウトドアサウナ！

浮サウナ
ふうサウナ

岡山県倉敷市

瀬戸内海の島々が見える場所にある「DENIM HOSTEL float」は、ホステル、デニムショップ、カフェの複合施設。2022年春、敷地内にTYLOの電気ストーブを導入したエストニア製バレルサウナが誕生した。瀬戸内レモンを使ったアロマ水を、矢掛町産の白系花崗岩・白桜みかげのサウナストーンにかけてセルフロウリュが楽しめるなど、地元色豊か。アパレルブランド・ITONAMIがサウナ用に企画したデニム水着や、愛媛県今治市のIKEUCHI ORGANICのバスタオルをレンタルして、瀬戸内海の恵みを丸ごと楽しんでみて。

サウナは事前予約制。混浴OKなのでカップル利用もおすすめ。女性専用プランあり。水風呂は信楽焼

（ホテル）

🏠 岡山県倉敷市児島唐琴町1421-26
📞 080-3885-3737
🕐 10:00～20:30
🔒 無休
📍 瀬戸中央自動車道児島ICから車で20分
Ｐ 20台
💴 2200円
♨ 水着着用必須。レンタルあり

男女共通

サ	90～100℃ / 4人	SELF
水	15～17℃ / 2人（季節により変動）	

インフィニティチェアに寝転び、波の音を聞きながら外気浴

PICK UP!

 水 サウナのために設計された信楽焼・壺型の浴槽を使用。温度が一定に保たれている。

 木陰にある外気浴スペース。夜は満天の星が見える贅沢なロケーション。

 ♨ float内のカフェには、スパイスカレーや特製フロート、アルコールなどが豊富に揃う。

 オーガニックバスタオル、デニムサウナハット、ポンチョ、デニム水着などがレンタル可。

レモンの香り

まるで海に浮いているみたい
瀬戸内流サウナ体験

（上）（下）サウナからは多島美と表現される瀬戸内海の絶景が見える。日帰り、ホステルとセットの利用、両方可能

133

#スノーピーク

アウトドア総合メーカーのノウハウと哲学が詰まった施設！

スノーピーク フィールド スイート スパ ヘッドクォーターズ

Snow Peak FIELD SUITE SPA HEADQUARTERS

新潟県三条市

新潟県三条市に本社を置くアウトドア総合メーカー・スノーピークが、2022春に開業した複合型リゾート。建物の設計は世界的建築家の隈研吾氏が手掛け、粟ヶ岳を望む自然豊かなロケーションに、地元の土や木材などを生かして完成した。大浴場の窓の外や露天風呂の周囲に広がるのは、四季折々の美しさを見せる下田郷の自然。ドライサウナにも大きな窓があり、自然と一体化したような空間でセルフロウリュが楽しめる。居合わせた人々とサウナストーブの周囲に座っていると、焚火を囲んでいるような気持ちになれるかも。

サウナストーブのサウナストーンは、フィンランドで手作りされたもの。じっくりと温まりたい。外気浴スペースもゆったり

スパ施設

⌂ 新潟県三条市中野原456-1
☎ 0256-46-5650
🕙 10:00 〜 21:00
🔒 不定休
📍 北陸自動車道三条燕ICから車で40分
P 109台
💴 1600円(タオルセット代込み)
♨ 日帰り利用可能

男湯
| サ | 85〜90℃ / 12人 | SELF |
| 水 | 15〜18℃ / 2人 |

女湯
| サ | 85〜90℃ / 12人 |
| 水 | 15〜18℃ / 2人 |

共通

絶景が広がる大浴場には内湯と露天風呂。源泉名は雪峰温泉

PICK UP!

スパ施設は本館内。洗い場の桶や椅子に新潟県産の杉を使用するなどナチュラルな雰囲気に。

日本の風土で生まれたブランドWaphyto(ワフィト)を導入。和の植物の力を感じて。

粟ヶ岳を望めるロケーション。スノーピーク社のチェアに身を預けてひと休みを。

湯上り処のSnow Peak Eatでカジュアルに。地産地消のレストラン雪峰もチェックを。

自然感じるサウナ

焚火を囲む気分でサウナへ
全身で自然を感じるリゾート

（上）サウナとしては珍しい大きな窓。定員は20名（下）宿泊可能なヴィラ棟

#茶室

全国のサウナの中でも異彩を放つ、茶室モチーフ

自然を感じる2つのサウナ

登録文化財の伊豆の温泉宿

(左上)「天狗の湯」の洞窟風呂 (上) プロサウナーの松尾大氏が手掛けた月の湯の「茶室サウナ」

おちあいろう
静岡県伊豆市

明治7(1874)年創業、旧幕臣の山岡鉄舟が名付けたという歴史ある温泉宿。4000坪の敷地に3種類の温泉、茶室をモチーフにした趣深い「茶室サウナ」、温泉が流れ込む造りで保湿効果が高い「天狗サウナ」がある。水風呂には狩野川の水を使用し、伊豆の自然の恵みを感じられる。

(旅館)

🏠 静岡県伊豆市湯ケ島1887-1
📞 0558-85-0014
🕐 IN15:00 / OUT11:00
🔒 不定休
📍 伊豆箱根鉄道修善寺駅から
　車で20分
P 20台
💰 1泊2食7万2000円～
✏ 期間限定でテントサウナあり

男湯(入れ替え制)

サ	80～85℃ / 5人		SELF
水	7～20℃ / 3人		

女湯(入れ替え制)

サ	80～85℃ / 3人		REF
水	7～20℃ / 1人		

共通

(上) 狩野川の眺めが楽しめる「天狗サウナ」。壁一面に敷き詰められた檜からさわやかな香りが漂う (下) 歴史を感じる和風建築。客室は全14室

古都・鎌倉らしい和の空間。"お茶"がテーマのロウリュを

サウナ利用は先着順。まるで茶室のような贅沢なプライベート空間

カマクラホテル

KAMAKURA HOTEL

神奈川県鎌倉市

おかわり自由な朝食や国産酒専門のバーなど、新感覚の鎌倉ステイを楽しめる人気のホテル。なかでも人気を集める完全貸切制のサウナは、茶室をイメージしたシックな室内で、"お茶"をテーマとしたサウナを体験できる。サウナストーンに緑茶をかけて、上品なお茶の香りを全身で浴びてみて。

ホテル

男女共通

- サ 90℃／4人
- 水 16℃／2人

🏠 神奈川県鎌倉市御成町
　12-27
📞 0467-55-5380
🕐 15:30 〜翌10:30
　（90分貸切制／サウナ営業時間）
🔓 無休
📍 JR鎌倉駅から徒歩1分
P なし
💴 5000円
✅ 宿泊者限定

（上）客室も和テイスト（下）ゲストルームは全16室

#混浴スパ

勝浦海中公園のオーシャンビュー施設で非日常を感じて

水平線を望めるサウナはセルフロウリュ方式。スパは共通で水着マスト、男女混浴

水平線に溶け込んでしまいそう
勝浦の入江でデートはいかが？

エデン
edén
千葉県勝浦市

勝浦海中公園の入江に立つ、サーマルスプリング
スパ、レストラン、ショップ併設の全天候型複合
施設。屋外プール、ビューテラス、内湯、サウナな
どがあるスパはまっすぐ水平線を望む位置に設け
られており、水着を着用して男女一緒に楽しめ
る。レストランも併設している。

（スパ施設）

⌂ 千葉県勝浦市吉尾272
　勝浦海中公園内
☎ 0470-64-6377
🕐 10:00 ～ 22:00
📅 月1回不定休
📍 JR鵜原駅から徒歩15分
P 1台
🎫 1320円（1時間）

男女共通

サ 90℃ / 8人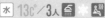

水 13℃ / 3人

（上）2階のサーマルスプリングスパ
（下）勝浦の食材を活用するレストラン。
ランチ、カフェ、ディナー営業あり。テラ
ス席も眺めよし

#アートホテル

老舗ホテルをリノベしたカルチャー発信地

感性を刺激する新感覚ホテル。想像力のスイッチをオン

北海道

東北

関東

北陸・甲信越

東海

中国・四国

九州・沖縄

©Shinya Kigure

地域活性化に貢献するために再生され、前橋の新名所に。世界的な建築家、藤本壮介氏が設計

白井屋ホテル
しろいやホテル
群馬県前橋市

江戸時代に創業、森鴎外などの著名人に愛されてきた老舗旅館「白井屋」。大改修を経て、2020年に生まれ変わった「白井屋ホテル」の敷地内にはフィンランド、ミスト、ベッドルームサウナを完備。1日4組限定（ワンドリンク付き）でサウナを楽しめる。フィンランドサウナではセルフロウリュも可。

（ホテル）

🏠 群馬県前橋市本町2-2-15
📞 027-231-4618
🕐 16:00 〜 17:20、18:00 〜
　 19:20、20:00 〜 21:20、
　 8:00 〜 9:20
🔒 無休
📍 JR前橋駅から徒歩15分
Ｐ なし
💰 5000円

男女共通
サ **90-100℃** / **4人**ほか
水 **14-17℃** / **3人**

@Shinya Kigure

@Shinya Kigure

（上）アロマオイルも設置されている
（下）コンセプチュアル・アーティスト、ローレンス・ウィナーのメッセージが施された外観

139

#オーシャンビュー

日本百景のひとつ、館山の鏡ヶ浦を望む絶景スポット

シーサウナシャック

SeaSaunaShack

千葉県館山市

波が穏やかで鏡面のように見えるため名が付いた館山湾「鏡ヶ浦」。この絶景を独り占めできるこちらは完全予約制の、貸切サウナ。国産の溶岩石を使用したサウナストーンは熱伝導率が高く、放出スピードも速いためロウリュの質は極上。地下水かけ流しの露天水風呂も深めで気持ちがよい。海風に吹かれる外気浴で最上のととのい体験を楽しもう。天気がよい日には富士山を、夕刻にはサンセットを眺めることもできる。

オリジナルの薪型ストーブを囲むサウナ室。広々としているので、グループやファミリーにもおすすめ。ロウリュもアウフグースもご自由に

（サウナ）

🏠 千葉県館山市波左間1063-2
📞 なし（予約はHPから）
🕐 9:00 〜 11:30、12:00 〜 14:30、
　 15:00 〜 17:30、18:00 〜 20:30
🔒 火曜
📍 富津館山道路富浦ICから車で25分
Ｐ 3台
💴 平日1〜 4名2万1000円、5名以上の場合は
　 +3700円／1名、土・日曜、祝日1〜 4名2万
　 6000円、5人以上の場合は+3700円／1名

男女共通

| サ | 85℃／12人 |
| 水 | 17℃／6人 |

（日本海）

天然の地下水をたたえる露天水風呂

PICK UP!

水 地下の天然水でなめらかな水質。やや深めの水深80㎝、最大6人で利用可。

SELF 特注の薪式ストーブ＆計500kgのサウナストーンを配置。ロウリュを存分に。

シャワー室も完備。男女3人ずつ、計6人が同時に使用できて快適。

鏡ヶ浦と富士山を望み、潮風を全身に受けながら、贅沢な外気浴を満喫。

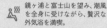

北海道　東北　関東　北陸・甲信越　東海　中国・四国　九州・沖縄

まるで展望台！
館山の海を一望する貸切サウナ

見晴らしGOOD

鏡ヶ浦に面した高台。心地よい潮風が迎えてくれる

#サウナ小屋

小屋でじっくり汗を流してから外気に当たる開放感がたまらない！

ザ サウナ
The Sauna
長野県信濃町

野尻湖畔にあるゲストハウスが運営する完全予約制の
アウトドアサウナ。フィンランド式の無煙薪ストーブ
を備える丸太小屋のサウナ室「yksi（ユクシ）」と
「kaksi（カクシ）」の2つがある。目の前に2000m級
の黒姫山や妙高山がそびえ、夜には満天の星が広がる
という最高のロケーション。せせらぎや鳥のさえずり
を聞きながら自然との一体感が味わえる、本場フィン
ランドに近いスタイル。伏流水をかけ流しで引き込ん
だ水風呂でととのう瞬間を待つ至福の時。もちろん目
の前にある野尻湖にダイブしてもOK！

薪ストーブのゆらめく炎、ロウリュの蒸気の香りを感じながら、リラックスしよう。男女共用なのでサウナ内は水着着用だ

（サウナ）

⌂ 長野県上水内郡信濃町野尻379-2
📞 026-258-2978
🕘 9:00 ～ 22:00
🔒 火曜
📍 上信越自動車道信濃町ICから車で10分
🅿 20台
🕙 3000円（2時間）～

男女共通

| サ | 85-90℃／6人ほか |
| 水 | 2-17℃／1人ほか |

季節によって水温が変わるのも、伏流水を利用した水風呂ならでは

PICK UP!

水 サウナ小屋の裏にある水風呂は黒姫山の清らかな伏流水を引き込んだもの。

SELF 丸太小屋の中でヴィヒタと檜の香りに包まれながらセルフロウリュが楽しめる。

Ψ4 名物のサウナドリンク「ガラポ」はガラナとポカリスエットを合わせたもの。

Ψ4 地元産の焼き野菜、ステーキ、ピザなどを提供。ランチでは特製ハンバーガーも人気だ。

支配人が情熱を注いで造ったサウナ小屋やKSL、アウトドア感満載だ

湖畔の丸太小屋！

サウナーなら一度は体験したい

信州の自然と溶け合う至福

朝日の中で野尻湖に朝霧が立ち上る。こんな絶景が見られるかも **143**

五右衛門風呂だった小屋を解体し、廃材を
利用して建てたサステナブルなサウナ

リビルドサウナ

REBUILD SAUNA

大分県豊後大野市

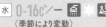

（サウナ）

🏠 大分県豊後大野市尾平鉱山57
📞 0974-47-2080
🕙 10:00～19:30(金・土曜12:
　30～19:30)
🔒 火曜
📍 中九州横断道路朝地ICから
　車で1時間
Ｐ 20台　💴2500円
📧 予約はHPから

男女共通
サ 90℃／10人
水 0-16℃／ー
（季節により変動）

大分県南部、祖母山山麓の自然に囲
まれた宿泊施設・LAMP豊後大野が
運営するフィンランド式の薪ストー
ブのサウナ小屋。水風呂は元プール
だった水槽に、沢の水を引き込んで
いる。夕焼けや星空を見ながらウッ
ドデッキで外気浴しよう。

薪にハーブ、スチームサウナで森林の恵みを堪能

（左）建物には木材をフル活用（上）大きな
窓のあるサウナ室（下）屋外で食事も

シモノロ・パーマネント たにのサウナ

シモノロ・パーマネント 谷のサウナ

徳島県三好市

（サウナ）

🏠 徳島県三好市池田町西
　山中塚1093
📞 予約制・予約はHPから
🕙 10:00～18:00
🔒 不定休
📍 徳島自動車道井川池田
　ICから車で10分
Ｐ 15台
💴 3300円～

男女共通
サ 80℃／4人
水 5-16℃／ー
（鮎苦谷川）

徳島と香川の県境にある廃校の校舎
を利用した、森林保全を進めるアウ
トドア施設のサウナ。間伐材を利用
した薬草スチームサウナは天然ハー
ブが香る。冷水浴はすぐ近くを流れ
る鮎苦谷川で。キャンプ、焚火体験な
どのアクティビティも楽しめる。

#都内最大級

サウナ好きなら絶対知っている巨大な規模のサウナホテル

アミューズメントパークのような
サウナ＆ホテル

北海道

東北

関東

北陸・甲信越

東海

中国・四国

九州・沖縄

Photo by Nacasa & Partners

ロウリュが楽しめるケロサウナ

サウナ & ホテル かるまる池袋

サウナ＆ホテル かるまるいけぶくろ

東京都豊島区

5種類のお風呂と4種類のサウナ、4種類の水風呂を楽しめるとあって、サウナーからは "夢の国" "楽園" などと呼ばれている。樹齢200年を超える赤松を使用した「ケロサウナ」、江戸時代の蒸気風呂を再現した「蒸サウナ」、フィンランドの湖を再現した「薪サウナ」など魅力的なサウナばかり。

ホテル　男性専用

🏠 東京都豊島区池袋2-7-7
📞 03-3986-3726
🕐 11:00〜翌10:00
　　(入浴は〜翌9:00)
🔒 無休
📍 JR池袋駅から徒歩1分
🅿 なし
💴 3480円

| サ | 80℃／9人ほか | AUTO | SELF | |
| 水 | 15℃／6人ほか | | | |

Photo by Nacasa & Partners

(上) 約14℃の「アクリルアヴァント」
(下) 定員1名の「蒸サウナ」。伊吹山の貴重な薬草をブレンドして煮立てている

145

#聖地

サウナーなら必ず訪れたい
サンクチュアリ。人気の理由を体感せよ!

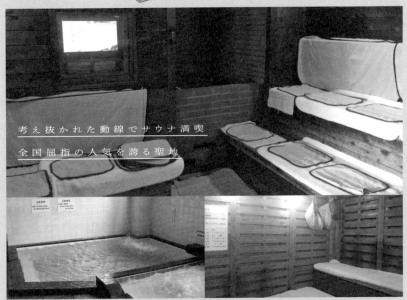

考え抜かれた動線でサウナ満喫
全国屈指の人気を誇る聖地

(上) 男湯のフィンランド式サウナ　(左下) 男湯のジャクジーと水風呂　(右下) 男湯の韓国式の薬草サウナ。薬草の蒸気が体を包んで発汗を促し、健康によい効果をもたらす

サウナしきじ

静岡県静岡市

サウナーで知らない人はいないと断言できるほど、全国的に有名なサウナ。フィンランド式と韓国式の2種類があり、韓国式の薬草サウナに使う漢方薬は韓方医が特別に調合。水風呂や風呂に使用している駿河の自然の中で育まれたミネラルウォーターは良質な天然水で肌あたりがやわらかい。

サウナ

⌂ 静岡県静岡市駿河区敷地
  2-25-1
☎ 054-237-5537
⊙ 24時間
🅰 無休
⊙ JR静岡駅から車で10分
Ｐ 63台
¥ 900円(男性1400円〜)

男湯
| サ | 110℃ / 15人ほか |
| 水 | 14℃ / ― |

女湯
| サ | 95℃ / 10人ほか |
| 水 | 14℃ / ― |

共通

(上) 休憩室。サ飯のバリエーションが多彩で、冷麺や石焼ビビンバなど韓国料理があるのも特徴 (下) 天然水は飲用の持ち帰り可

冷気と熱気の往復で北極圏のサウナ体験を！

（上）キンキンに凍った樹氷が北極圏気分を盛り上げるアイスサウナ。ビジュアルもインパクトがある　（左下）ラップランド休憩所で安らぎの時間を　（右下）白樺の香り漂う森のサウナではセルフロウリュが可能だ

ウェルビーさかえ

ウェルビー栄

愛知県名古屋市

名古屋の中心街・栄にある男性専用サウナ。フィンランドの湖畔の森にいるような「森のサウナ」でしっかり体を温めたら、一番の目玉である「アイスサウナ」へ！北極圏のラップランドを再現し、なんと室温−25℃。急速に体を冷やすことで、新陳代謝を促す。

(サウナ) (男性専用)

🏠 愛知県名古屋市
中区3-13-12
📞 052-262-1126
🕐 5:00〜翌2:00
🈺 無休
📍 地下鉄栄駅から徒歩5分
Ｐ なし（提携駐車場あり）
¥ 1100円〜

サ 96〜100℃ / 18人ほか
水 12〜14℃ほか / −

（上）高温サウナでは1日15回のロウリュ＋熱波のサービスを実施している
（下）「フォレストレイク」と名付けられた水風呂

KEY WORD
013
SANCTUARY

進化を続ける大定番
本格ロウリュと風呂で
全身リフレッシュ

(上)男性用は高温多湿の麦飯石サウナ、女性用はタワー型遠赤ヒーターの4段サウナ、ミストサウナ　(左下)草津温泉の有効成分を使用した露天草津の湯　(右下)8種の生薬を独自に配合した効仙薬湯

ゆのいずみ そうかけんこうセンター

湯乃泉 草加健康センター
埼玉県草加市

昭和55年、日常的に湯治体験ができる「健康センター」を日本で初めて造ったという湯乃泉が手掛ける。長年の研究が生きる効仙薬湯や露天草津の湯などはもちろん、広々としたサウナにもファン多数。日時によって爆風ロウリュ、静寂のロウリュ、セルフロウリュ、暁のロウリュ、4種を実施。

スパ施設

🏠 埼玉県草加市北谷2-23-23
📞 048-941-2619
🕙 10:00～翌8:00
🚫 無休
📍 東京外環自動車道草加IC
　　から車で5分
Ｐ 250台
💴 900円～

男湯

サ	96℃／40人
水	15℃／6人

女湯

サ	88℃／25人
水	15℃／5人

共通

(上)常時15℃、地下水かけ流しの水風呂。ロウリュイベント時はさらにひんやり!（下)草加駅などから無料送迎バスもある。3階建ての定番施設

開放感あふれる露天風呂が魅力

(左)高温サウナ室 (上)準天然温泉・トゴールの湯(下)ジェット風呂

サウナ & カプセル ホテルほくおう

サウナ & カプセル ホテル北欧

東京都台東区

カプセルホテル 男性専用

- 東京都台東区上野7-2-16
- 03-3845-8000
- 24時間
- 無休
- JR上野駅から徒歩1分
- P なし
- 1600円(3時間)〜
- 12:00 〜 23:00は完全予約制

サ 110℃/20人
水 13℃/4人

空の見える露天風呂と、昔ながらのサウナが自慢の男性専用施設。サウナーから絶大な支持を集めるTVドラマ『サ道』のロケ地としても知られる。熱いサウナ、冷たい水風呂、外気浴、露天風呂を繰り返しめぐりたい。

サウナ×コワーキングスペース

(左)アウフグースのサービス (上)都心の絶景を望むサウナ室 (下)ジャクジー

スカイスパヨコハマ

スカイスパYOKOHAMA

神奈川県横浜市

サウナ

- 神奈川県横浜市西区高島2-19-12 スカイビル14F
- 048-941-2619
- 24時間(8:00 〜 10:30入浴不可)
- 無休
- JR横浜駅から徒歩5分
- P 500台
- 2550円〜

男湯
サ 85~90℃/25人
水 15~16℃/8人

女湯
サ 80~85℃/17人
水 15~16℃/4人

共通

横浜スカイビルの14階にある天空のスパ施設で、サウナとコワーキングスペースが融合したコワーキングサウナが人気。ダイニングスペースやごろごろスペースなど6つのエリアがあり、ととのいながら仕事ができる。

KEY WORD
013
SANCTUARY

(左)（上）アウフグースが名物のロッキーサウナ（下）備長炭凛水風呂

スパ・サウナ＆カプセルホテル ニコーリフレ

北海道札幌市

`ホテル` `男性専用`

- 🏠 北海道中央区
  南3条西2-14
- 📞 011-261-0108
- 🕐 24時間
- 🔒 不定休
- 📍 地下鉄すすきのの駅から
  徒歩5分
- Ｐ なし
- 💴 1700円〜

| サ | 85℃／35人 |
| 水 | 14℃／10人 |

札幌すすきのの中心にあるサウナ＆スパ。名物のアウフグースを行う「ロッキーサウナ」や、4つの鉱石を使用した「ゲルマニウムミストサウナ」など個性的。ボディケアなどのサービス、ヨガ教室やペアロウリュなどのイベントも。

阿蘇の天然水が滝のように降る水風呂

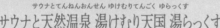

サウナとてんねんおんせん ゆけむりてんごく ゆらっくす

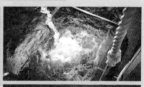

(左)大噴火瞑想サウナ 大阿蘇 (上)水風呂の水は地下水 (下)メインサウナ

サウナと天然温泉 湯けむり天国 湯らっくす

熊本県熊本市

`スパ施設`

- 🏠 熊本県熊本市中央区
  本荘町722
- 📞 096-362-1126
- 🕐 24時間(8:00〜
  10:00入浴不可)
- 🔒 無休
- 📍 JR平成駅から徒歩9分
- Ｐ 171台
- 💴 790円〜

男湯
| サ | 90℃／30人ほか |
| 水 | 15℃／8人 |

女湯
| サ | 80℃／20人ほか |
| 水 | 16℃／5人 |

共通

「メインサウナ」、「メディテーションサウナ」、温泉の蒸気を利用した「大噴火瞑想サウナ 大阿蘇」と大充実。水風呂は男湯171cm、女湯153cmと水深が深く、ボタンを押すと阿蘇の天然水が滝のように降ってくる。

十勝岳の自然に抱かれた露天風呂で外気浴を

(左) 冬は一面銀世界が広がっている (上) サウナ室 (下) 温泉も充実している

<small>ふきあげおんせんほようセンターはくぎんそう</small>

吹上温泉保養センター白銀荘

北海道上富良野町

スパ施設

⌂	北海道空知郡上富良野町 吹上温泉
☎	0167-45-4126
⏰	10:00 〜 22:00
🔒	無休
📍	JR上富良野駅から バスで25分
P	100台
¥	700円

男湯

| サ | 90℃ / 10人 |
| 水 | 9-13℃ / 2人 |

女湯

| サ | 85℃ / 10人 |
| 水 | 9-13℃ / 2人 |

共通

十勝岳中腹に立地。セルフロウリュのドライサウナ、ヒバの香りがする内風呂、水着着用必須の水深1mの露天岩風呂、滑り台 (冬期は使用不可) まである。雪が積もっている季節は、サウナで温まった後に雪へダイブするのもオツ。

広い大浴場＆サウナ、水風呂は北アルプスの天然水

(左) ロッキーサウナ (上) 肌がスベスベになるとの声も (下) 本格的な御膳も

スパ・アルプス

富山県富山市

スパ施設

⌂	富山県富山市山室292-1
☎	076-491-5510
⏰	24時間
🔒	無休
📍	富山地方鉄道大泉駅から 徒歩10分
P	120台
¥	1300円 (3時間) 〜

男湯

| サ | 90℃ / 20人 |
| 水 | 16℃ / 10人ほか |

女湯

| サ | 90℃ / 12人 |
| 水 | 16℃ / 4人ほか |

共通

ロッキーサウナでは毎日ロウリュを実施。水風呂は飲用できる北アルプスの天然水をかけ流しで使用。新鮮で冷たい水は肌あたりもやわらかい。ご当地グルメから海鮮までサ飯が充実している。

北海道

東北

関東

北陸・甲信越

東海

中国・四国

九州・沖縄

151

#最旬

2022年待望のオープン。今話題のサウナがこちら

フォトジェニックすぎる 最新スパ&サウナ

フィンランド式サウナにはikiストーブを搭載。セルフロウリュも楽しんで

エイトホテル ショウナン フジサワ
8HOTEL SHONAN FUJISAWA
神奈川県藤沢市

湘南エリアで人気を集める「8 HOTEL SHONAN FUJISAWA」に男女混浴のスパが満を持してオープン。"水の洞窟"をイメージしたというスパエリアは、あたり一面がブルーに染まり、まるで水に包まれているような感覚に。サウナのほか水風呂、温水プール、温浴がある。

(ホテル)

🏠 神奈川県藤沢市鵠沼花沢町1-5
📞 0466-54-0880
🕐 6:00〜10:30、15:00〜翌0:30
🈳 無休
📍 JR藤沢駅から徒歩2分
P なし
💴 1500円（90分）
🏊 水着着用必須

男女共通
サ 90℃ / 11人
水 14℃ / 6人

（上）温水プールにはウォーターフォールあり（下）屋上にはビーチハウスをイメージした外気浴スペースを用意

国内最大級！
40畳の男性サウナ室

（上）映像演出がスゴいスタジアムサウナ　（左）露天の岩風呂など8種の風呂が揃う　（右）壺湯

げんせんかけながしおんせん　さがのゆどころ　コモレビ
源泉掛け流し温泉
佐賀の湯処 KOMOREBI
佐賀県佐賀市

サウナは男女それぞれ大型スクリーンとオートロウリュシステムを導入し、男湯のサウナは40畳と国内最大級！オートロウリュは1時間に1回で、オートロウリュと連動して風や映像が作動する。

（サウナ）

🏠 佐賀県佐賀市神園6-4-35
📞 0952-32-4126
🕐 9:00～翌1:00
　　（日曜、祝日7:00～）
🔓 無休
📍 JR佐賀駅から徒歩20分
P 170台
💰 980円～
📝 バレルサウナは女性限定

男湯		
サ	89℃／80人ほか	
水	16℃／10人	

女湯		
サ	85℃／45人ほか	
水	16℃／5人	

共通

（上）レストラン。地元の食材を使うフードやデザートでひと休み（下）2022年春開業。趣の異なる家族風呂も5室用意（予約制、別料金）

153

（左）フィンランド風大部屋サウナ（上）飲食スペース（下）水風呂は3種

新岐阜サウナ
しんぎふサウナ

岐阜県岐阜市

サウナ　男性専用

⌂ 岐阜県岐阜市一番町7
☎ 058-201-4137
🕐 11:00〜翌1:00
　（金・土曜、祝前日24時間）
🔒 無休
📍 JR岐阜駅から徒歩10分
Ｐ 10台
💴 1800円〜
🎫 レディースデイも随時開催

| サ | 112℃／25人 |
| 水 | 7℃／4人 |

地元の飲食店から生まれたプロジェクト。30分ごとにオートロウリュを行うフィンランド風大部屋サウナ、1〜3名用のプライベートサウナ、高温薬草スチームサウナの3種がある。長良川清流かけ流しの水風呂やととのいスペースも使い心地抜群。サウナ後はサ飯でととのって。

県内最大級の露天風呂と基本のサウナでととのう

（左）オートロウリュ方式の男湯サウナ（上）岩盤浴施設・みずき房（下）壺湯

姫若子の湯
ひめわこのゆ

高知県高知市

スパ施設

⌂ 高知県高知市海老ノ丸12-2
☎ 088-855-4126
🕐 8:00〜翌1:00
🔒 第2火曜8:00〜17:00
📍 高知自動車道高知中央ICから
　車で3分
Ｐ 175台
💴 850円〜

男湯
| サ | 85℃／40人 |
| 水 | 15℃／6人 |

女湯
| サ | 85℃／22人 |
| 水 | 15℃／6人 |

共通

県内最大級の天然温泉露天風呂などにファンが多い一軒。男湯にはオートロウリュ方式の遠赤外線高温サウナ、窯風呂（スチームサウナ）を、女湯には遠赤外線サウナ、窯風呂（スチームサウナ）、塩サウナを設置する。女性専用岩盤浴施設も併設。

#ツリーサウナ

アウトドア感MAXのサウナへ。グループ貸切が吉！

サウナ、海・空
ぜ〜んぶ貸切の隠れ処へ

北海道

東北

関東

北陸・甲信越

丸太組の本格サウナは水着着用で貸切スタイル。プライベートビーチ併設なのでサンダルを持参して

ハイダウェイ　サンセットキャンプ
HIDEAWAY　sunset camp
福岡県糸島市

玄界灘を見下ろす高台に広がる、プライベート感
たっぷりの施設。キャンプスポットのほかシーク
レットビーチなど、自然に親しめる設備が充実。
海が見える常設のツリーサウナで汗をかいたら、
海へダイブしたり、屋上のチェアで空を見たり
と、ととのい三昧の滞在を。

（キャンプ場）

⌂ 福岡県糸島市二丈福井2765　男女共通
　（受付café inn ふくゐ）
☎ 092-326-5211
🕐 12:00 〜 18:30
🔒 不定休
📍 JR大入駅から徒歩10分
P 5台
💴 1万2000円（大人2名まで）
🔖 1名追加につき
　 +2000円

サ 80℃／6人
水 ー／ー

東海

中国・四国

九州・沖縄

（上）サウナストーブは薪を燃やすタイ
プ。スタッフが補充してくれる（下）サウ
ナ室の窓からビーチが見える贅沢な造り

155

#イグルーサウナ

エストニア生まれのかまくら型サウナへ

ときたまひみつきち COMORIVER
ときたまひみつきち コモリバ

埼玉県ときがわ町

埼玉県ときがわ町にあるグランピング施設。都心から約1時間半の距離にありながら川と森に囲まれた自然の中でグランピングやBBQ、川遊びなどができる。イグルーサウナは80〜90℃ほどの温度でゆったりできる中温サウナ、山小屋風のモッキサウナはスペースが小さめで温度が100℃近くまで上がる高温サウナ。どちらも水着着用必須。薪焚きストーブ式のサウナで、サウナストーンに水をかけて蒸気を出すセルフロウリュが楽しめる。

ポンチョやサウナハットなども用意されていて、着いたらすぐ入れるようスタッフが温めておいてくれる

 グランピング

⌂ 埼玉県ときがわ町本郷930-1
☎ 0493-81-5477
🕐 17:00〜21:00、6:00〜9:00
🚪 無休
📍 JR明覚駅から車で20分
P 40台
💰 1泊2食付4万9500円〜
🩱 水着着用必須

宿泊者専用のラウンジには天井まで届く本棚が配されている

男女共通

| サ | 100℃／4人ほか |
| 水 | 都幾川／ー |

PICK UP!

水 水風呂は天然の川。サウナで体が温まったら、目の前の都幾川へダイブ。

グランピングキャビンにはシャワーを完備している。

SELF 薪焚きストーブでフィンランド式のセルフロウリュが楽しめる。

ムーミンヴィレッジオフィシャルホテルのためムーミングッズが。

好きなだけ"おこもり"できる
本格アウトドアリゾート

川辺でまったり

（上）火が入ったイグルーサウナ。薪ストーブの炎がはぜる音や煙の香りがあたりに漂う　**157**

#ワイン樽

フォトジェニックなワイン樽のサウナ室。ここでしか体験できない！

ワインを熟した樽の中で
じっくり蒸される心地よさ

丸い外観がかわいらしいワイン樽サウナ。フィンランド式のガスストーブを完備し、入口を入ったすぐのところに着替え室も

とかちまきばのいえ

十勝まきばの家
北海道中川郡池田町

レストラン、牧場などのある複合施設。周辺には
ワイン用のブドウ畑が広がっており、ワイナリー
のオープンも目指しているという。コテージ＆ロッ
ジの利用者専用で「ワイン樽サウナ」に入るプラ
ンを提供している。サウナ室も水風呂もワイン樽
を使った施設は珍しい。

（複合施設）

🏠 北海道中川郡池田町清見144
📞 015-572-6000
🕐 9:00 ～ 18:00
🔒 年末年始
📍 JR池田駅から車で7分
🅿 20台
💴 宿泊者3850円
　（80分）～、日帰り
　6600円（80分）～

男女共通

| サ | 90℃／3人 |
| 水 | 1-15℃／1人 |

（上）ガスストーブでセルフロウリュが
できるワイン樽サウナ（下）併設してい
る「森のカフェレストラン」ではランチ
も楽しめる

#蔵

歴史ある蔵建築を活用してサウナを造ってしまったのがこちら

北海道

東北

関東

北陸・甲信越

佐渡の島時間を味わうホステル
蔵サウナで熱波を感じよう

密閉に適した蔵の特質を生かした「蔵サウナ」。薪ストーブを使用しており、セルフロウリュも可能だ

ホステル パーチ
HOSTEL perch
新潟県佐渡市

築70年を超える古旅館をリノベーションしたホステル。コワーキングスペース、カフェ＆バーのほか、蔵を改装して造ったフィンランド式の「蔵サウナ」も備える。水風呂の湯船には佐渡名物のたらい舟を使っている。佐渡島のゆったりした時間を感じながら、本格サウナを堪能したい。

(ホテル)

🏠 新潟県佐渡市河原田諏訪町4
📞 0259-58-7311
🕐 15:00 〜 22:30
🔒 火・水曜
📍 両津港から車で30分
P 10台
💴 入れ替え制1500円（90分）、貸切1万円〜
✏️ 要予約、朝9:00 〜なども貸切料金にて対応可能

男女共通

| サ | 110℃ / 6人 |
| 水 | 18℃ / 2人 |

東海

中国・四国

九州・沖縄

（上）薪ストーブが鎮座する蔵サウナ内部（下）すぐ外には水風呂と整いスペースを完備。リクライニングチェアで休もう

159

#森ビュー

ほてりを冷まして森林浴。緑の香りを吸い込めば、みるみる元気に！

白樺香るサウナ室
モール温泉でロウリュも

「サウナツイン ととのえ」のテラス。森の自然を感じながら外気浴ができるプライベートスペース

もりのスパリゾート ほっかいどうホテル
森のスパリゾート 北海道ホテル
北海道帯広市

帯広市街地とは思えないほど緑豊かな森に囲まれたホテル＆スパリゾート。サウナでは、湧出している美肌の湯・モール温泉を使った「モーリュ」や、白樺の「ウォーリュ」など、独自のロウリュで発汗作用がアップ。プライベートサウナ付きの客室は2部屋あり。

ホテル

⌂ 北海道帯広市西7条南19-1
☎ 0155-21-0001
🕐 5:30 ～ 9:00、
　 14:00 ～ 21:00（最終入場）
🔒 無休
📍 JR帯広駅から徒歩15分
P 170台
💴 1300円～
◎ 朝入浴＆朝食のセットあり

男湯

サ	80℃	10人	SELF
水	16℃	3人	

女湯

サ	75℃	8人	SELF
水	16℃	2人	

共通

Ψ4

（上）十勝産白樺の切り株のウォーリュが壁に設えられた男性サウナ（下）水風呂には「清流日本一」に選ばれている札内川の伏流水を使用

#田んぼビュー

彼方まで広がる田園風景は日本の四季を感じるのにぴったり！

庄内平野の田園に佇む
ホテルで晴耕雨読の時を

北海道

東北

関東

北陸・甲信越

水盤に映る姿が美しいレストラン・MOON TERRASSE。月山を望みながら山形庄内の旬の幸を味わえる

ショウナイ ホテル スイデンテラス

SHONAI HOTEL SUIDEN TERRASSE

山形県鶴岡市

東海

中国・四国

建築家・坂 茂氏が設計を手掛け、庄内平野の水田に浮かぶように佇むデザインホテル。男女入れ替え制の3つの温泉を完備し、2021年4月に新設したフィンランド式サウナも楽しめる。旬と鮮度にこだわった庄内ならではの食も自慢だ。

九州・沖縄

[ホテル]

🏠 山形県鶴岡市北京田字
　下鳥ノ巣23-1
📞 0235-25-7424
🕐 6:00 〜 13:00、
　14:30 〜翌0:00
🈳 無休
📍 JR鶴岡駅から車で10分
Ｐ 150台
💰 1泊朝食付1万1150円〜
🔁 毎朝6時に入れ替え

男女(入れ替え制)

🔥 サ **82-85℃** / 6人ほか　SELF

💧 水 **16℃** / 2人

共通

(上)坂氏の意匠である紙管を模した木のベンチが特徴的な月白の湯サウナ
(下)天井、天窓、椅子、水風呂すべてが六角形で統一された天色の湯のサウナ

161

#山ビュー

思わず声が出る、美しい山を眺望する贅沢サウナ

信州の自然を愛でる
天空のサウナ

うめのやリゾートまつかわかん
梅の屋リゾート松川館

長野県高山村

(左)(中上) サウナから見える松川渓谷のサンセットが絶景 (中下) 肌あたりのやわらかい水風呂 (右) 世界第3位に選ばれた高山村の星空

旅館

🏠 長野県高山村山田温泉3507-1
📞 026-242-2721
🕐 24時間
🔒 水・木曜
📍 上信越自動車道須坂長野東ICから車で25分
P 10台
💰 1泊2食1万600円〜
♨ 露天風呂は45分の貸切制

男女共通

| サ | 80-108℃ / 5人 |
| 水 | 5-13℃ / 2人 |

長野県北西部、標高1000mに立地する1日8組限定の温泉宿。開湯200年の歴史を持つ山田温泉を源泉かけ流しで楽しめる。サウナ室には大きな窓があり、冬は雪に覆われた北信五岳、春は松川渓谷の新緑と、息をのむような美しい景色を望む。

買い物帰りに立ち寄れる
富士山の大パノラマ

このはなのゆ
木の花の湯

静岡県御殿場市

(左)「立湯」もある大浴場露天風呂 (中上) サウナ「熱ノ室」(中下) 富士山を見ながら涼める見晴らしテラス (右) ダイニング花衣

スパ施設

🏠 静岡県御殿場市深沢2839-1 御殿場プレミアム・アウトレット内
📞 0550-81-0330(自動音声ダイヤル)🕐 10:30〜22:00
🔒 不定休
📍 東名高速道路御殿場ICから車で5分　P320台
💰 1900円〜

男湯

| サ | 90℃ / 20人 |
| 水 | 16℃ / 5人 |

女湯

| サ | 90℃ / 20人 |
| 水 | 16℃ / 5人 |

共通

御殿場プレミアム・アウトレットの敷地内にある日帰り温泉施設。自慢の露天風呂はもちろん、20人を収容する広々したドライサウナ「熱ノ室(ねつのむろ)」からも大きな富士山を眺望する。約2500冊のコミックや書籍を備えた休息房も。

#高原ビュー

さわやかな風が抜ける高原で、おいしい空気をたっぷり吸い込んで

どこまでも続く草原

(左) 外気浴スペースから草をはむ牛が見える (中上) 冬場は雪原が広がる (右) スウェーデン式の薪サウナでセルフロウリュも

十勝しんむら牧場　ミルクサウナ
とかちしんむらぼくじょう　ミルクサウナ

北海道上士幌町

サウナ

🏠 北海道上士幌町字
　上音更西1-261
📞 01564-2-3923
🕐 10:00 ～ 17:00
🔒 不定休
📍 道東自動車道音更ICから
　車で40分
🅿 10台
💰 2万2000円（4名まで、2時間制）※5名以降は1名5500円追加

男女共通

| サ | 60-70℃ / 6人 |
| 水 | 10℃ / 1人 |

然別湖やナイタイ山の東部に位置する広大な牧場内にある一棟貸切タイプのサウナ。水風呂は牛の飲水用の桶だというからユニークだ。サウナ後に濃厚なミルクやソフトクリームが味わえるのは牧場ならでは！バーベキューもできる。

アスリート仕様の設備で疲労回復！

(左) 中央の円形がジャクジー、周囲が歩行用アイスバスで交互浴も (中上) セルフロウリュができるフィンランド式サウナ

坊平リカバリー温泉　高源ゆ
ぼうだいらリカバリーおんせん　こうげんゆ

山形県上山市

スパ施設

🏠 山形県上山市蔵王
　坊平国有林241林班
📞 023-616-3717
🕐 11:00 ～ 19:00
　（土・日曜、祝日～ 21:00）
🔒 月曜（祝日の場合は営業）
📍 東北中央自動車道かみのやま温泉ICから車で30分
🅿 26台　💰 1600円（2時間）

男湯

| サ | 92℃ / 6人 |
| 水 | 14℃ / 2人 |

女湯

| サ | 90℃ / 6人 |
| 水 | 14℃ / 2人 |

共通

プロアスリートが利用するナショナルトレーニングセンターの蔵王坊平アスリートヴィレッジ内にあり、疲労・機能回復に対応する温泉施設。一般人も利用可能で、フィンランド式サウナや美肌の湯の温泉をはじめ、プールや酸素カプセルなども備えている。

北海道

東北

関東

北陸・甲信越

東海

中国・四国

九州・沖縄

163

#富士山ビュー

サウナでリフレッシュした後は、富士山を目の前に外気浴を！

ホテルマウントふじ まんてんぼしのゆ

ホテルマウント富士 満天星の湯

山梨県山中湖村

標高1100mに位置するリゾートホテル「ホテルマウント富士」。ロウリュサウナや水風呂、外気浴スペース、温泉を備えた「満天星の湯」と、富士山&山中湖を一望する半露天風呂「はなれの湯」、2つの温泉棟は、日帰り客も利用できる人気のサウナ&スパ施設だ。富士山を望む外気浴スペースや富士山天然水の水風呂を楽しめる「満天星の湯」は"最高のととのい"を体験できるとサウナファンも絶賛するほどの人気ぶり。総木造りのサウナ室は天井がアーチ状にカーブしており、ロウリュの効果を最大限に引き出しているそう。

サウナストーブはMETOS（メトス）のikiストーブを使用。富士山天然水によるオートロウリュで常に心地いい湿度を保つ

ホテル

🏠 山梨県南都留郡山中湖村山中1360-83
📞 0555-62-2111
🕐 14：00～18：00
🔒 ホテルに準ずる
📍 東富士五湖道路山中湖ICから車で15分
Ｐ 150台
💴 2200円
📋 昼食付きのプランあり

男湯

サ	90-92℃／9人ほか	
水	16℃／1人ほか	

女湯

サ	90-92℃／9人ほか	
水	16℃／1人ほか	

共通

「満天星の湯」の外気浴スペースはサウナ愛好家に評判

PICK UP!

富士山の天然水を利用したサウナが自慢。オートロウリュで湿度を一定に管理。

男湯・女湯ともに富士山ビューの外気浴。鳥のさえずりや木々の葉擦れの音も。

「満天星の湯」の温泉露天風呂では、昼は富士山、夜は星空を望むことができる。

食事は週末限定のディナービュッフェやフレンチ、和食など、ホテルレストランで！

富士山ビューと露天風呂が自慢の「満天星の湯」

いい眺め

露天風呂も外気浴スペースも！
唯一無二の富士山ビューサウナ

木のぬくもりあふれるサウナ室。30分に1回加水される自動ロウリュ

#サイダー醸造所

旧役場庁舎跡がオシャレな複合施設に！サイダリーもあり

紫波町の恵みたっぷり
地域をつなげるととのい拠点

地元の自然を思わせるサウナ室で新たな出会いがあるかも。ライティングに温かみがある

ひづめゆ

岩手県紫波町

紫波町旧庁舎跡地が、高濃度炭酸泉温浴施設・サウナ、ハードサイダー醸造所Green Neighbors Hard Ciderなどに生まれ変わった。サウナ室にはセルフロウリュ方式を採用。ウィスキング集団・しらかばスポーツ監修のウィスキングサービスもぜひ体験して。

(サウナ)

🏠 岩手県紫波郡紫波町
　　日詰西裏23-13
📞 019-681-3151
🕐 10:00 ～ 22:00
🔒 第1月曜
📍 JR紫波中央駅から徒歩15分
P 50台
¥ 700円

男湯

| サ | 90-100℃ / 15人 |
| 水 | 16℃ / 3-4人 |

女湯

| サ | 80-90℃ / 12人 |
| 水 | 16℃ / 2-3人 |

共通

（上）ナチュラルな雰囲気の外気浴スペース（下）2022年夏開業。地元の老若男女がコミュニケーションをとり、健康を目指せる施設としてスタート

#廃工場

高知市内の廃工場がサウナ愛深めの店主によってサウナ専門店へ！

黙浴・禁煙でストイックに
サウナ愛を極めたい！

照明が抑えられ、メディテーション音楽が小さく流れる空間。自分と静かに向き合ってみよう

北海道

東北

関東

北陸・甲信越

東海

中国・四国

九州・沖縄

SAUNA グリンピア
サウナ グリンピア
高知県高知市

廃工場を改装し、サウナ、水風呂、外気浴を突き詰めた専門店。メディテーションにいざなう静かなサウナで汗を流したら、羽衣を追求した水風呂に浸かり、ととの縁側やインフィニティチェアで外気浴！初心者や人目が気になる人は個室ヒノキサウナ（予約制）がオススメ。

(サウナ)

🏠 高知県高知市南川添18-30
📞 088-802-5895
🕐 14:00～22:00（日曜、祝日9:00～12:00、13:00～18:00）
🔒 火曜（月1回不定週で火～木曜休み）
📍 高知自動車道高知ICから車で6分
P 6台
💴 2500円（3時間）
📝 料金に水着・タオル代込み

男女共通

| サ | 90℃ | 16人ほか |
| 水 | 13℃ | 6人 |

（上）ゆったりした外気浴スペースの一角。豊富に揃うサウナードリンクで休憩を（下）廃工場を大胆にリノベーション。個室以外は要水着着用

#海へダイブ

浜辺・川辺の好ロケーション！オールシーズン利用OK

目の前はビーチ！自然と一体化する極上体験

貸切利用可能な薪ストーブ、セルフロウリュ方式のサウナ。サウナの名前のとおり、窓の外には水平線が見える！

サウナ宝来洲
サウナほらいずん

新潟県柏崎市

マリンアクティビティで人気の小竹屋旅館が鯨波海岸に常設するアウトドアサウナ。サウナは水着着用・男女混浴OKで、セルフロウリュができる。オーシャンビューの薪サウナでしっかり蒸されたら、広大な海や建物横の川へダイブ！宿泊やBBQプランと合わせて利用するのも楽しい。

(サウナ)

- ⌂ 新潟県柏崎市鯨波2-3-6
- ☎ 0257-41-6270
- ⏱ 10:00 〜 20:00
  （曜日により異なる）
- 🚪 火〜木曜（祝日の場合は営業）
- 📍 JR鯨波駅から徒歩3分
- Ｐ 30台
- ¥ 2500円〜
- ◎ バスローブもレンタル可能

男女共通

| サ | 90℃ / 6人 |
| 水 | 10-30℃ / ー |
（日本海）

（上）海に飛び込んだり、浜辺でゴロゴロしたり自由に過ごそう（下）時間帯によって料金は異なる。人気はやはりサンセットタイム枠

#滝へダイブ

水風呂はなんと滝つぼ。テントサウナで究極のアウトドア体験を

テントサウナは着衣（水着）で利用する。晴れた日は滝つぼに虹が出ている特別なロケーション

感動の"サ滝"体験
虹が架かる天然の水風呂へ

北海道

東北

関東

北陸・甲信越

東海

中国・四国

九州・沖縄

きほうちょうひせつのたきキャンプじょう
紀宝町飛雪の滝キャンプ場
三重県紀宝町

自然豊かな熊野エリア、高さ30mの飛雪の滝周囲に広がるキャンプ場。テントサイトやコテージのほか、滝のすぐそばにフィンランド式、ロシア式のテントサウナを設置。薪ストーブで温まったテント内でセルフロウリュを楽しみつつ、もちろん水風呂は天然の滝つぼへ！

（キャンプ場）

🏠 三重県南牟婁郡紀宝町浅里
1409-1
📞 080-5843-6793
🕘 9:00 ～ 17:00
🔒 無休
📍 熊野尾鷲道路熊野大泊IC
から車で50分
Ｐ 50台
💴 2000円～
♨ 水着着用必須

男女共通
| サ | 100-120℃／5人ほか |
| 水 | 10-30℃／3人（滝つぼ） |

（上）キンキンに冷えた滝つぼに浸かったら、滝の音を聞きながらリクライニングチェアで外気浴（下）ロシア製のテントサウナ・EX-PRO

サウナライフを
充実させる！

サウナグッズ

ハットやポンチョなどのサウナ専用アイテムから普段使いできる小物
まで、気分がアガるすてきなサウナグッズをご紹介。

CHECK_01
各施設のオリジナルグッズ

サウナやスパ施設で独自に開発している
オリジナルグッズを要チェック！

サウナの梅湯 （→P.052）
https://youkiyu.stores.jp/
※値段は通販価格

Tシャツ
650円
看板の店名ロゴがタ
オルに。レトロでス
テキ！

タオル
4000円
大きな文字がかっこ
いい！サイズ展開S
〜 XL。2 〜 4XLも
ある

神戸サウナ&スパ （→P.072）
神戸レディススパ （→P.074）
https://kobesauna-goods.stores.jp/

MOKUタオル
各1370円
サウナー必須の超速
乾タオル。刺繍の柄
は全4種

トートバッグ
各2860円
「トントゥ」がモチー
フ。キャンバス生地
で使い勝手も◎

サウナ&スパ カプセル
ホテル大東洋 （→P.020）
https://www.daitoyo.co.jp/mens/

サウナハット
5800円
目印の看板の刺繍が
施されたサウナハット

MOKUハンカチ
700円
看板モチーフがハン
カチにも。普段使い
にもよい

トタントゥキーホルダー
3000円
看板猫のトタンくん
がキーホルダーに

都湯-ZEZE - （→P.092）
https://miyakoyu.jp/products/

Tシャツ
2500円
長袖や白もある。
前グッズにステッ
カーが付く

タオル
250円
手ぶらで来たときにも
便利なロゴ入りタオル

幸福湯 （→P.115）
https://kofukuyu.com/

SAUNA COLUMN
Sauna goods

オシャレなサウナアイテム

サウナのキーワードをさりげなく取り入れた
おしゃれなブランドアイテムもあるんです。

Logo sauna poncho limited color
8000円
マイクロファイバー100%でやわらかい着心地

SAUNNER SET UP
各7800円
ワッフル生地。サウナに行くときだけでなくルームウェアにも

public bath style key chain
各1200円
銭湯風キーホルダー。ボトルの目印や髪留めにも

SAUNNERS HIGH
https://www.saunnershigh.online/

ゆソックス
1650円
サウナ、温泉上がりに履きたい温泉マークのソックス

MORZH ミトン
1400円
熱い蒸気から手を守ってくれるミトン。ウィスキングに

OSMIA サウナアロマ
3080円
フィンランド発の人気ブランド「OSMIA」のアロマオイル

「サ」キャップ
4900円
サウナのイメージカラーを刺繍に。男女兼用で使える

Sauna Camp.
https://saunacamp.stores.jp/

Saunagirl サウナガール
https://saunagirl.base.shop/

中川政七商店
https://nakagawa-masashichi.jp/

刺繍
各440円

ハンカチ
1320円〜
サウナ、水風呂、外気浴など刺繍をカスタマイズできる

T icon Multi-Color Sauna Hat
各4400円

クラシカルなウール素材のサウナハット。フックのカラーもかわいい

TTNE
https://www.ttne.shop/

かや織ビニールトートバック小
4290円
奈良の工芸「かや織」にPVC素材を貼り合わせているので汚れに強い

Best Sauna Ever Crew Neck Sweatshirt
9900円
「今までで最高のサウナだ」とバックプリントされた一枚

ALL SPOTS INDEX

ALL SPOTS 50音順 INDEX

祝いの宿 登別グランドホテル（→ P.126）

編集制作	片山直子
	高島夢子
執筆	深谷美和
撮影	マツダナオキ、鈴木誠一
	野中弥真人、古根可南子
写真協力	各関係施設
デザイン	iroiroinc.
	(佐藤ジョウタ＋香川サラサ)
イラスト	Norio
組版・印刷	大日本印刷株式会社
企画・編集	清永愛、白方美樹
	(朝日新聞出版 生活・文化編集部)

COVER PHOTO

表1
幸福湯(→P.115)
浮サウナ(→P.132)
都湯-ZEZE-(→P.92)

表4・袖
サウナ＆スパ カプセルホテル 大東洋
(→P.20)
ニュージャパン梅田(→P.18)
ぎょうざ湯 夷川餃子なかじま 団栗店
(→P.054)

本体表紙
幸福湯(→P.115)
朝日湯泉(→P.43)

大扉
朝日湯泉(→P.43)

奥付
浮サウナ(→P.132)

ゴー！サウナアンドスパガイド〔かんさい＋ぜんこくへん〕
go! SAUNA & SPA GUIDE 〔関西＋全国編〕

2023年2月28日第1刷発行

編　著	朝日新聞出版
発行者	片桐圭子
発行所	朝日新聞出版
	〒104-8011　東京都中央区築地5-3-2
	電話 (03)5541-8996 (編集)
	(お問い合わせ) infojitsuyo@asahi.com
印刷所	大日本印刷株式会社

©2023 Norio, Asahi Shimbun Publications Inc.
Published in Japan by Asahi Shimbun Publications Inc.
ISBN　978-4-02-334734-2